华东政法大学社会治理文丛

“移地升级”中的集体选择与市场秩序

基于一个汽配市场集体搬迁的案例研究

杨义凤◎著

Move to Upgrade: the Collective Choice and Market Order

A Case Study Based on Collective Relocation of One Auto Parts Market

中国经济出版社
CHINA ECONOMIC PUBLISHING HOUSE
北京

图书在版编目（CIP）数据

“移地升级”中的集体选择与市场秩序：基于一个汽配市场集体搬迁的案例研究／杨义凤著．

北京：中国经济出版社，2017．6

（华东政法大学社会治理文丛／何明升主编）

ISBN 978－7－5136－4732－8

Ⅰ．①移…　Ⅱ．①杨…　Ⅲ．①市场经营—案例—中国　Ⅳ．①F723

中国版本图书馆 CIP 数据核字（2017）第 128931 号

责任编辑　姜　静　郭书芳
责任印制　马小宾
封面设计　久品轩

出版发行　中国经济出版社
印 刷 者　北京科信印刷有限公司
经 销 者　各地新华书店
开　　本　710mm×1000mm　1/16
印　　张　13．25
字　　数　200 千字
版　　次　2017 年 6 月第 1 版
印　　次　2017 年 6 月第 1 次
定　　价　48．00 元
广告经营许可证　京西工商广字第 8179 号

中国经济出版社　**网址**　www．economyph．com　**社址**　北京市西城区百万庄北街 3 号　**邮编**　100037

本版图书如存在印装质量问题，请与本社发行中心联系调换（联系电话：010－68330607）

总　序

华东政法大学的社会学学科，走过了一段特殊历程。早在1908年，圣约翰大学就在全国最早开设社会学课程，中国人由此迈开了科学认识社会，连通世界的脚步。1952年，在圣约翰校址上，由原圣约翰大学、复旦大学、南京大学等九所院校的法律系、政治系和社会系合并组建成立了华东政法学院，后因历史原因学校停办。1979年华政复校，社会学课程重新开设，老院长曹漫之先生荣任上海市社会学会会长。为适应现代法治社会发展和上海国际化大都市建设的需要，学校于2003年5月重新组建社会学系，下设社会学、社会工作两个本科专业，2009年扩建为社会发展学院。重建后的社会学学科，将苏州河畔的厚实凝重延续到上海的发祥地和文化之源，在松江新城这块热土焕发了新的生机，专业建设取得长足发展，学生数量不断扩容，迈入了又一个崭新的发展阶段。

社会学学科的快速发展，得益于连续两期"中央财政支持地方高校发展专项资金"的支持。2010年发布的《社会发展学院学科建设与科研工作纲要》将总体目标确定为：以法学为依托，逐渐实现以法律社会学和社会治理为特色的多学术领域协调共生发展，成为在全国有特色、有影响的教学研究型社会学院。之后，社会发展学院获得了2010—2012年度"中央财政支持地方高校发展专项资金"的资助。经过随后的三年建设，社会发展学院建成了具有国内先进水平的综合实验室，初步形成了四个优长学术方向，即网络社会学与网络治理、法律社会学与社会治理、司法社会工作、警事社会学。这一时期的科研成果，汇集于中国社会科学出版社的"华东政法大学社会管理文丛"。

本次汇集的书稿，是第二期"中央财政支持地方高校发展专项资金"

（2013—2015）的科研成果，包括《从生存到发展：转型时期农民工城市创业研究》（李俊），《时代镜像中的性别之思》（马姝），《网络治理：中国经验和路径选择》（何明升），《组织发展与社会治理——以乡村合作社为中心》（井世洁），《"移地升级"中的集体选择与市场秩序——基于一个汽配市场集体搬迁的案例研究》（杨义凤），《中国宗教群体边界研究》（郭慧玲），《转型与重建：中国城市公共空间与社会生活变迁》（孟超），《社会支持与老年人主观生活质量研究》（瞿小敏），《网络舆情的演化模式与应对策略》（张伟）。丛书的作者多为年轻人，因此作品洋溢着一股蓬勃向上的生气，代表着华东政法大学社会学学科的未来。

这些年来，我作为"中央财政支持地方高校发展专项资金"的负责人，亲历了社会学学科不断成长、逐渐壮大的全过程。同时，我又以社会发展学院院长和社会学学科带头人的身份，亲历了与学院同仁和学科团队共同求进的过程。2009年9月25日，当我们在昆山彻夜讨论学科建设与科研方向时，没有人想到这个夜晚会与"中央财政支持地方高校发展专项资金"不期而遇，但我们都预感到了其对学院和学科发展的巨大影响。同年12月18日，我们曾为"什么是司法社会工作"激烈争辩，但却催生出全国第一本《司法社会工作概论》以及颇具自身特色的学术方向。再后来，我们边学边做边建设，又开拓出前景无限的警事社会学新领域。经过2010—2012年三届法律社会学论坛的培育，中国法律社会学专业委员会成立，我校被选举为副会长单位；以2012—2014年三届网络社会学论坛为基础，成立了中国网络社会学专业委员会，我校为会长单位。

目前，华东政法大学的社会学学科设有社会学、社会工作、社会管理三个本科专业，拥有社会管理、社会工作两个硕士点，并且在法律社会学方向招收博士研究生和博士后人员，在校学生700余人。连年举办的"社会发展学院青年教师教学基本功比赛"将教学水平提升到了一个更高的台阶，国家社科基金重大项目"中国特色虚拟社会管理模式研究——基于网络关系结构的多主体协同治理方案及其法律支撑"及多项一般项目、青年项目的成功获批更是将学科建设推到了一个新高度。这期间，我们所有的人都迈出了个人的“一小步”，并将其汇聚成了社会学学科的“一大步”，而这“一大步”必将成为继续迈向明日之巅的理想阶梯。

在中国经济出版社的大力支持下，“华东政法大学社会治理文丛”即将问世。首先感谢“中央财政支持地方高校发展专项资金”自2010年以来连续两期的资助。其次感谢华东政法大学领导和有关职能部门对社会学学科的关怀和支持，在一个“一法独大”的法科院校，这一点尤为难得。最后感谢与我共同奋斗的本丛书作者群和社会发展学院师生，我们一起付出了辛勤的劳动，也取得了可喜的成绩。

何明升

2016年10月30日

于上海松江大学城

前言

本书是对CC市汽车配件市场“移地升级”过程中所引发的矛盾以及经营者为了实现其群体利益而进行的集体选择的研究。市场经营场地的变迁关系到经营秩序，关系到经营者的群体利益，它是一个集体选择的过程而不是个体自发行为或理性设计的结果。

集体选择发生的主要原因是某一群体为了增进其共同利益或共同利益受到了外来威胁。例如，“移地升级”过程中之所以发生以经营者为行动主体的集体选择，是因为经营者的群体利益受到威胁。市场搬迁的决策，包括市场的选址、建设、布局、管理等，主要是政府部门与开发商共商的结果，整个过程中，经营者被排除在外。政府部门和开发商介入市场，究竟是为了促进市场繁荣，还是为了追求政绩，还是为了开发土地的商业价值？如果“移地”不能带来“升级”，谁来保护市场秩序以及经营者的群体利益？研究表明，经营者的群体利益只有依靠经营者自身通过集体选择的方式才能实现。

集体选择的目标是促进市场持续繁荣，这一目标的实现一方面依赖于经营者的社会权力的增长，这是集体选择的内部作用机制；另一方面依赖于政府部门和开发商与经营者共同促进市场繁荣、维护市场秩序的协作状况，这可以被看作集体选择的外在资源环境。其中，社会权力是蕴含在经营者之间的熟悉关系中的认同力量和一致行动的能力，它随着经营者之间交往与合作的增加而不断增长。从外在资源环境来看，经营者、政府部门和开发商之间的权力、利益冲突伴随集体选择的整个过程，但冲突中又有协作。整体看来，经营者的社会权力通过与政治权力和开发商的市场权力的选择性亲和而发挥作用，不断发掘三者之间在利益和价值取向上的共同点，逐步增进经营者的群体利益，从而保障市场秩序的平稳过渡和市场的持续繁荣。

市场秩序的演进和变迁是集体选择的过程，集体选择以经营者的社会权力为依托，同时又受到政治权力和市场权力的影响，权力之间的冲突和协作伴随集体选择的整个过程，这是本书提出的核心观点。

社会权力在集体选择中的作用至关重要，社会权力寓于熟悉关系之中，是熟悉关系中的认同力量和自我组织、一致行动的能力。如果没有经营者之间熟悉关系的广泛存在，社会权力便无法发挥作用。在市场经济中，熟悉关系并未消失，而是在经济交往与合作中不断得到再生产，在应对市场风险和不确定中发挥着重要作用。一方面，当经营者的群体利益受到威胁时，熟悉关系中的交往与合作可以提高群体认同感，增加一致行动的可能性，帮助经营者实现集体选择的目标。另一方面，在诸如保护市场区域品牌、改善市场经营环境、获得更多产品信息及资源等方面，经营者有着共同的利益。熟悉关系可以促进经营者之间的信任与合作，推动行业协会的运作，促进市场繁荣和产业升级，从而增加经营者的群体利益。

除了社会权力之外，还必须考虑到集体选择的外在资源环境，社会权力的强大只是集体选择目标实现的必要条件而非充分条件。外在资源环境主要是指政府部门和开发商在"移地升级"过程中与经营者协作共同促进市场繁荣的意愿和能力。

在"移地升级"的过程中，政治权力是干预经营场地变迁的重要力量。政治权力干预市场的理由是多方面的，例如，为了美化城市环境、合理规划城市布局，优化市场升级、促进市场繁荣，招商引资、开发土地商业价值等。这些不同的干预目标有时是相互冲突的，不能同时实现。其中，规划城市用地，追逐土地商业价值更多是在迎合房地产开发商的需求，而促进市场繁荣则更多是在满足经营者的需求。政治权力在干预方式和干预力度上的不同影响着市场权力和社会权力的具体关系，进而影响到经营者的集体选择和市场经营秩序的状态。

市场权力是房地产开发商对市场经营场地投资开发之后所具有的垄断管理、运营权力。"移地升级"是一个全方位的过程，但对开发商来说，它们首先要升其面积，出售产权铺面，获取利益。在诸如市场规模、市场管理方式等问题上，开发商与经营者的期望并不一致。当然，开发商也有对市场繁荣的承诺，如本书案例中开发商采取“营销”和“经营”并存的市场模式，其目标并不仅仅是开发土地和出售房产，它还要促进市场的兴盛。至于促进市场兴盛的原因和动力，具体来说包括以下两点：一是市场兴盛之后可以给开发商带来源源不断的后期收益；二是对市场的成功运营可以给开发商带来较好的口碑，获得经营者、政府部门以及其他市场参与主体的认同，提高品牌影响力。

政府部门对市场繁荣的期待以及开发商对市场繁荣的承诺，两者与经营者的社会权力一起，在冲突中有融合，共同决定着集体选择的过程与结果。经营者的集体选择是在政治权力和开发商利益的共同作用中做出的，一定意义上是在“权力—利益”网中做出的。但是，经营者可以充分发挥社会权力的作用，不断发掘三者之间在利益和价值取向上的共同点，针对政治权力的不同干预目标和开发商的不同策略，有针对性地采取不同的策略性行动，向开发商和政府部门争取资源，以促进集体选择目标的实现，维护自身的群体利益。

本书是关于集体选择的研究，但研究的对象不仅限于集体选择的选择方式与选择过程。集体选择的过程也是市场制度和秩序变迁的过程，集体选择一定是在某种制度环境和秩序状态中展开的，后者制约前者的展开路径；同时，市场制度和市场秩序又是由选择行为建构的，后者是前者的结果。将集体选择与市场秩序统一起来，本研究可以在扩宽集体选择理论的应用范围的同时，为经济社会学的市场秩序变迁理论提供有益的补充。

笔者

2017 年 2 月

目录

图目录

表目录

第一章
导　论

第一节 选题的背景

一、现实背景：对“移地升级”的期待与疑虑

本书是对CC市汽车配件市场“移地升级”过程中所引发的矛盾以及为了实现市场的繁荣而进行的集体选择的研究。“移地升级”是CC市汽车配件市场经营场地变迁中首先由政府和市场开发商所提出来的概念。该汽车配件市场首创于1993年，有大小400余家铺面，历经20年的发展，逐步从清冷期上升到繁荣期，随后，受市场规模有限、硬件设施落后等因素影响，逐步开始走下坡路。此时，面对日益拥挤和破败的市场，政府引入开发商重新规划场地，目标是通过经营场地的集体迁移，改善市场的经营环境，进而扩大市场的规模，提高市场的管理水平，实现市场秩序和市场收益的“升级”。

然而，政府部门和开发商的目的并不是单一的，二者共商“移地”战略，其中的确包含着对市场繁荣的期待，但也不乏诸如追逐土地商业价值、追求政绩等需求。在整个决策过程中，经营者被排除在外。如何保证搬迁之后的利益，保证市场秩序的平稳过渡，是经营者共同关心的问题。经营者需要参与到搬迁决策中来，自主决定是否搬迁、何时搬迁、怎样搬迁，促使开发商和政府部门共同为经营者服务，共同实现市场繁荣，而不仅仅是“共谋”开发土地的商业价值。并且，从某种意义上来说，土地商业价值的提升意味着铺面购置价格和租金的上涨，对想要压低经营成本的经营者来说，未必是好事。市场搬迁会打乱原有的经营格局，对那些已经占有

好地段铺面并且拥有稳定的"主顾"的经营者来说或许还意味着损失。相反，如果经营者不配合搬迁，政府和开发商的"移地升级"战略又难以实现。因此，"移地升级"的过程中，必然伴随着不同市场参与主体之间的利益矛盾和权力冲突，各市场参与主体，尤其是经营者，对"移地升级"既充满了期待，同时又有疑虑。他们疑虑的首要问题是："移地"是否意味着"升级"？"移地"能否带来市场的再度繁荣？"移地"是否会破坏既有的市场秩序，让市场更加走下坡路？

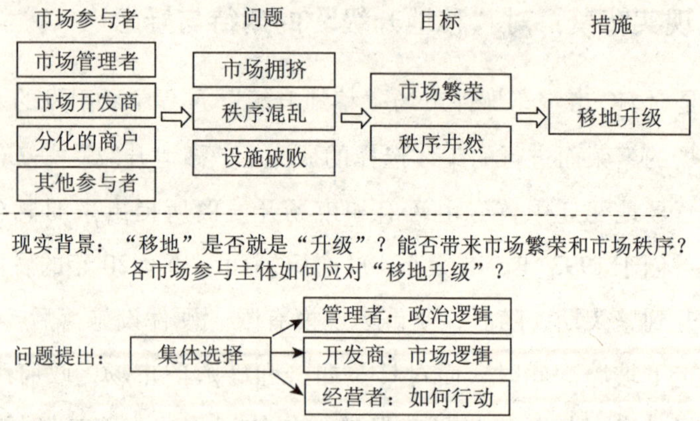

图1－1　选题的现实背景与问题提出

二、理论背景：市场繁荣如何实现？

关注"移地升级"问题，首先是因为对市场秩序和市场繁荣形成中集体选择问题的重视。早在20世纪40年代，卡尔·波兰尼就对经济学的古典自由主义做了彻底否定，他认为，市场并非自然演化而来，经济史显示，"市场乃是政府有意识且激烈干涉之后所产生的结果。它将市场组织加诸社会之上，以达成非经济之目的"（卡尔·波兰尼，2007）。我国学者沈原在对BG市场的研究中也提出了"市场是一种包含了文化传统、社会力量、权力运作等非经济因素的社会结构"的观点，认为BG市场的诞生至少有传统商民、农民和地方干部这三种社会力量自始至终的介入（沈原，2007）。

政府的干涉必然影响到经营者的利益，这些利益是高度分化的，不同位置、不同类型、不同层次的市场经营者面对“移地升级”有着不同的打算，但从另一个层面来讲，这又是一种集体性利益，市场的繁荣与秩序是每个经营者的期待，也是政府、开发商等其他市场参与主体的期待。因此，面对搬迁与否、如何搬迁的问题，市场参与者实际上是在用集体选择的方式予以解决，这与将单个经济行动者作为分析单位并坚持自发秩序说的自由主义经济学研究有着很大不同。

集体选择是实现集体利益的有效方式，市场经济中的集体选择又不同于计划经济中的集体选择，它更强调选择主体的能动性和自主性，而不是自上而下的政治权力决策。对市场经济中集体选择的研究以奥尔森为代表，但他在强调选择主体的自主性和能动性的同时，严格坚持理性人假设，将集体选择的研究重心放在如何制止行动参与者的“搭便车”问题上（奥尔森，1995）。奥尔森之后，集体选择领域的另一位领军人物、诺贝尔经济学奖得主奥斯特罗姆在她的集体选择研究中，注重自组织能力的提高和实践过程中非正式规则的有效性，强调制度变迁并不是机械的计算和设计过程。但是，她严格限定了外在条件，认为集体选择目标的实现是建立在“无外在政治权力干预”的基础之上的（奥斯特罗姆，2000）。作为增进某一群体利益的手段，现实中的集体选择却往往是在外在的权力斗争中实现的，但这种权力斗争又不像社会运动理论所认为的那样是一种体制外的政治行为。总体来说，市场经济中的集体选择要比社会运动理论所认为的集体选择温和得多。

市场秩序和市场繁荣是一个集体选择的过程。以往，集体选择研究的侧重点各有不同，有些研究者强调社会政治领域的集体选择，有些强调公共选择领域的集体选择。本书则专指经济市场领域的集体选择，是市场参与主体为了增进共同的利益而进行集体决策、促进集体效率的过程。集体选择是在权力冲突中进行的。具体来说，此类集体选择是指经营者、企业等市场主体面对集体利益而进行的选择，其无法离开政治权力的干预和其他市场参与主体的介入，这也正是本书强调集体选择中的权力冲突和权力协作的原因。因此，本书所指集体选择中的权力冲突，是政治权力、市场权力和社会权力三者之间的冲突。作为市场管理者，政府行为决定着市场的聚集、迁移，关涉到市场经营的硬件设施、经营秩序，但市场管理者追求的并非单纯的市场繁荣，其行为还要符合政治逻辑，诸如维护市场秩序、维护市场稳定、追求土地商业价值、追求政绩等。市场繁荣对开发商而言意味着成功，但其对房地产利润的追求遵循的却是另一套逻辑，本书将其称为不同于市场经营逻辑的商业逻辑。在此逻辑的驱使下，开发商追求市场规模的盲目扩大，这会对经营者的利益造成损害。本书暂且将这一商业逻辑称为资本的市场权力。

经营者的集体选择是在与市场管理者和开发商的不断博弈中做出的。面对市场管理者的政治权力和开发商的市场权力，本书提出，经营者的集体选择是依托社会权力进行的。社会权力是蕴含在经营者之间的熟悉关系中的认同力量和一致行动的能力。熟悉关系本质上是一种非经济因素，熟悉关系中的认同力量和一致行动能力影响着集体选择的具体展开过程进而影响到市场秩序，这充分说明了市场秩序形成中非经济因素的重要性。对市场秩序形成中非经济因素影响的研究近年来在学界受到重视，不仅社会学家注重对社会权力、社会结构、关系网络、制度、伦理等非经济因素研究，经济学家也开始关注"成本—收益"之外其他影响经济发展的因素的作用。前者如刘少杰关于熟悉关系与市场交易秩序的论述（刘少杰，2010），汪和建关于工作伦理、经济道德与市场秩序的研究（汪和建，2006）。后者如道格拉斯·诺斯对制度变迁的意识形态理论和路径依赖问题的研究（道格拉斯·诺斯，2008），卡尼曼和特沃斯基的行为经济学理论（卡尼曼、特沃斯基，2008）和罗伯特·希勒等人在行为金融领域的开创性研究（罗伯特·希勒，2004）。这些研究对非经济因素都是极其重视的。

在诸多的非经济因素中，权力可以说是一种非常重要的因素。综合近年来经济社会学研究的前沿理论，可以分离出两种与经济发展息息相关的权力：政治权力和社会权力。权力是一种资源，它寓于关系网络之中，因此，并不仅仅指政治权力或行政权力，社会关系尤其是熟悉关系中同样蕴含着权力，这也正是很多权力论者坚持将权力分析与关系网络分析相结合的原因。弗雷格斯坦在他的市场分析中就坚持“权力—文化”分析的路径（Fligstein，1996），强调权力发挥作用的背景性因素。

结合本书研究的案例，政治权力、社会权力（狭义上说，作为市场参与主体的经营者的权力应该属于市场权力的一部分，但经营者的“市场权力”与组织化、利益集团化的开发商所拥有的市场权力又完全不在同一个层面上。与政府权力和开发商的市场权力相比，经营者处于最弱势的地位。此外，经营者的社会权力主要蕴含在经营者之间的熟悉关系中，这些日常经营实践中的关系网络与新经济社会学所指的“社会关系网络”极其相似，因此，笔者将此类权力称为“社会权力”），再加上开发商的市场权力（按照传统的经济学观点，市场权力指企业对市场的控制能力。在垄断情形下，企业有高度的市场权力，而在完全竞争行业中的企业则没有市场权力。本书虽然援引了这一概念，但在内涵上却有所变化。本书中的市场权力主要指与政治权力相结合的“权力化市场”中，高度组织化的企业利益集团对其他市场参与主体的“权力”。例如，房地产开发商与政治权力相结合，共同做出“移地升级”的决策，而经营者只能在此前提下做出自己的选择），三种权力共同作用于集体选择。其中，政治权力是指政府对市场秩序和经营者的干预；市场权力是“移地升级”过程中房地产开发商对市场经营场地投资开发之后所具有的垄断管理、运营权力。开发商一般会对商业楼盘采取“营销”和“经营”并存的运营模式，在对市场进行管理的同时，保留部分产权铺面用于自营，以收取租金和物业管理费用，源源不断地获取市场后期收益。因此，开发商的市场权力同样会持续地作用于市场秩序。

经营者的集体选择是在政府部门的政治权力、开发商的市场权力以及经营者的社会权力三者的相互冲突和融合中进行的，不同的市场参与主体有着不同的目标，并依托各自拥有的权力进行博弈和斗争。

一方面，本书强调集体选择中社会权力的作用。社会权力对经营者来说是一种有别于政治权力的非市场治理机制，它的增长对经营者的利益维护、市场秩序的稳定乃至集体选择整体目标的实现都起到重要作用。社会权力寓于熟悉关系之中，是熟悉关系中的认同感和一致行动的能力，它的增长对内可以促进经营者之间的信任与合作，有效保护市场区域品牌，改善市场经营环境，获得更多产品信息及资源，逐步提升市场的层次；对外可以增强与政治权力和市场权力对话的能力，在经营者的群体利益受到威胁时，有效提高群体内信任水平和认同感，进行资源动员，增加一致行动的可能性，促进有利于市场繁荣的集体选择目标的实现，而不是任由政治权力和市场权力相结合"共谋"城市土地的商业价值。

另一方面，本书强调三种不同类型权力的协作与冲突。目前条件下，市场的发展离不开政治权力的干预，国家在市场创建过程中扮演着核心角色。例如，本书案例中的经营场地便是在政治权力的干预之下兴建和搬迁的，市场的选址、建设和运营，都离不开政治权力的作用。政治权力带来市场繁荣的同时，往往也容易带来市场的不稳定。在一纸行政命令就可以关闭一个市场的情境中，经营者不但要应对市场风险，而且还要应对政策变化所带来的风险，这就极大地增加了市场经营的不确定性。过度依赖国家政策的市场，往往"成也政策、败也政策"。除了政府干预之外，很大一部分商业中心的建立是开发商追逐房地产利润并与政府"合谋"的结果。发展"土地经济"，立竿见影的效益致使很多商业中心的建立并未充分考虑经营者的利益。因此，经营实践中，越来越多的企业、经营者倾向于依赖以熟悉关系为基础的社会权力的作用、依赖于有别于政治权力的非市场治理机制来协调他们之间的关系，以切实维护其群体利益。

集体选择通常是在外在权力冲突中进行的，但奥尔森和奥斯特罗姆等人的研究对此关注不足。对集体选择中外在权力冲突考虑最多的是社会学家所进行的集体行动研究，集中在社会政治领域，如麦克亚当、梯利等人对边缘社会群体争取政治机会的研究（McAdam，1982；Thilly，2004），赵鼎新、应星等人对体制外集体抗争事件的研究（赵鼎新，2006a；应星，2007b）。这些研究虽然注重权力冲突，但所举案例往往伴随着群情激愤的突发事件，与本书所关注的市场经济场域中的集体选择还有很大差距。对突发事件或抗争性集体行动的研究只是集体选择研究的一个方面。本书案例中的集体选择，经营者所追求的是如何促进市场的持续繁荣及非市场治理机制的完善，用奥尔森的话说这是一种“相容性利益”（奥尔森，1995），它与“社会最底层由相对剥夺感怨恨所致的集体行动（应星，2007）有着较大区别。面对中国社会转型过程中的集体选择，我们不能仅仅像西方学者那样关注“如何行动”或“如何维权”，更应该关注集体选择背后的结构性因素。尤其是在本研究中，透过经营者“移地升级”中的集体选择，展现出来的是政府、市场和社会三者之间关系的演变以及市场制度和秩序的变迁。从这一层面上看，经济场域中的集体选择要比其他领域中的集体选择更具研究价值。

非市场治理机制的完善和市场持续繁荣的实现，一方面需要社会权力对政治权力和市场权力进行适当的制约，另一方面需要在社会权力、政治权力和市场权力之间展开充分的协作。社会权力寓于关系网络之中，对社会权力的研究蕴含在对关系网络的分析之中，以格兰诺维特为代表的网络分析方法是经济社会学研究的重大突破，涉及大量关于熟悉关系和社会权力的内容。熟悉关系中的资源和规则是社会权力的重要来源，但以格兰诺维特为代表的网络分析方法一方面假设关系是理性导向的，这就导致后来的分析窄化了关系的内容；另一方面强调经济行动广泛嵌入在社会关系之中，过于强调社会结构、关系网络对经济行动的影响，忽略了社会权力与市场权力以及政治权力之间协作的可能性和协作能力的研究。这两方面限制了网络理论的进一步发展，无法满足本研究中对社会权力分析的要求。

社会权力的增长是集体选择目标实现的关键力量，是必要条件但并不是充分条件，在集体选择的过程中，不能仅强调社会权力对政治权力和市场权力的冲突与制约，还要看到它们之间的协作，以及这些协作对市场繁荣所做出的贡献。本书案例中，为了市场繁荣的共同目标，市场权力、政治权力和社会权力在冲突中也有协作，并且它们之间的协作，尤其是社会权力与市场权力之间的协作是社会权力增长的重要途径。

市场秩序的演进和变迁是集体选择的过程，集体选择以经营者的社会权力为依托，同时又受到政治权力和市场权力的影响，权力之间的冲突和协作伴随集体选择的整个过程，这是本研究的核心观点。展开来说，一方面，社会权力蕴含在经营者的熟悉关系之中，体现在经营者参与运作，在集体选择的展开过程中随着熟悉关系的再生产而不断增长，在与政治权力和市场权力的博弈中不断增强自组织能力并发挥能动性，促进经营者的群体利益的实现；另一方面，社会权力的成长又离不开政治权力和市场权力的作用，双方在对立的同时也具有选择性亲和的意愿和能力，虽然政治权力和市场权力的某些目标与集体选择的整体目标相冲突，但在集体选择的过程中，三种权力之间的协作是必不可少的。

第二节 "移地升级"中的集体选择研究的意义

一、理论意义

对市场经济中集体选择的研究一方面可以丰富集体选择理论，另一方面可以完善经济社会学关于市场变迁的认识。

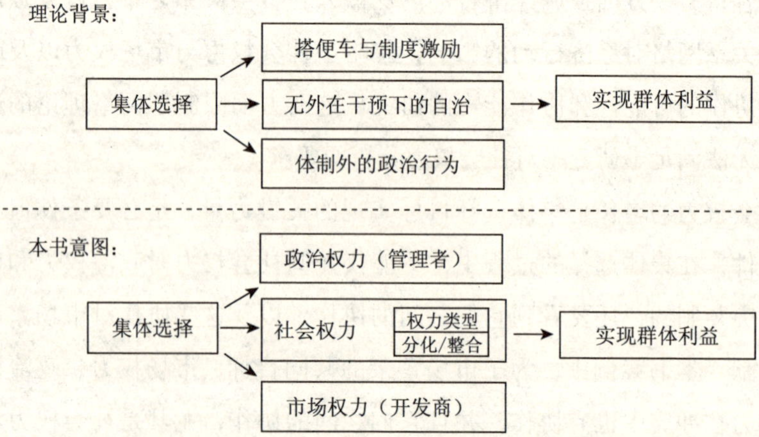

图1-2 选题的理论背景与问题提出

首先，集体选择是实现共同利益的重要方式，在社会政治领域如此，在公共选择领域如此，在市场经济领域也是如此。集体选择理论发展到现阶段，其研究范式经历了从功利主义导向的资源动员理论向意义建构导向的社会建构理论的转变（刘能，2002 年），但不论是将对“成本—收益”的权衡还是被剥夺感和不满情绪置于集体选择分析的核心，研究者大多过于强调行为主体的自觉性，要么忽略了其他行为主体的干预，要么简单强调集体利益实现过程中行为主体为了改变自身处境而与其他群体的对立，在强调不同目标的冲突的同时对目标之间的协作重视不足，也就有意无意地将集体选择的研究简单化了。

其次，在市场经济领域，集体选择理论的研究以奥尔森等人为代表，主要强调集体选择的理性化和组织化层面。奥尔森在他的集体选择研究中，从经济理性人假设出发，强调企业组织如何设计制度、克服搭便车行为，实现有利于本行业各企业发展的集体行动（奥尔森，1995）。但正如阿马蒂亚·森所认识到的，理性是有限的，严格的理性人假设只能导致集体选择的不可能，要实现对集体选择的不可能性的突破，就要从理性假设上入手。阿马蒂亚·森指出，集体选择的过程中，理性是可变的。随着实践过程的展开，个人获得的信息会不断增加。信息的扩展会增加理性认知、改变偏好排序：一方面，人们对持续获益的途径会有更清晰的理解，这有利于提高集体选择的效率；另一方面，在公共讨论和相互交流中可以形成共同的价值观念和正义原则，一致的价值观可以有效减少差异（阿马蒂亚·森，2006）。这就从前提假设上保证了集体选择的可能性。

事实上，只要坚持了集体选择的实践原则，也就坚持了理性有限性的假设，从实践出发，行动者的行为动机必然是复杂的和综合的，而不是单一的理性假设。实践过程中的理性必定是不完全理性的，它受到感性意识或感性思维的制约（刘少杰，2005），在集体选择中也是如此。经济行动中的集体选择不仅有奥尔森笔下的理性化和组织化程度较高的集体选择，也有理性化和组织化程度不高的集体选择。本书中的集体选择的主要动力来自经营者，是依靠经营者的社会权力展开的，社会权力寓于熟悉关系之中，集体选择的过程不仅是一个理性计算的过程，而且还要受制于意义、价值、伦理、习惯、习俗等非经济因素。

最后，市场秩序的演进往往不是个体理性设计的结果，而是一个集体选择的过程。经营者通过集体选择的方式实现其群体利益的过程也是一个市场秩序演进的过程。本书强调经营者的社会权力，提出了与以往研究不同的解释，集体选择可以有效供给市场运行所需的制度，并在日常经济实践中对自上而下设计的制度进行鉴定、矫正。对集体选择的研究可以进一步完善经济社会学的市场观，丰富市场秩序理论。

二、实践意义

近年来，旧城改造、征地拆迁的规划和实践屡见不鲜。这些拆迁活动中，既有对民用住宅的改造，也有对商品市场的改造。房屋拆迁是一个充满利益矛盾和权力斗争的过程，特别是商品市场的整体搬迁，它关系到经营者的群体利益。所谓“造场容易造市难”，拆迁过程不仅关系到成百上千经营者的铺面投资、搬迁成本等有形利益，而且还会涉及市场的前景和未来的经营风险等问题。由市场拆迁引发的社会运动式的集体行动、突发事件也常见于新闻报道。除了来自城市规划的政治干预之外，市场迁移中还蕴含着来自政治权力和开发商的市场权力联合起来对城市土地商业价值的追求，而作为市场参与主体的经营者，往往不具备市场经营场地选择的完全自主权。那么，政府部门、开发商以及经营者三个主要市场参与主体之间的利益和目标是否一致？如果有冲突，各自的态度如何？最后又是如何进行决策与选择的？

本书案例中，政府部门和开发商都有促进市场繁荣、维护市场秩序稳定的意愿，但对此要求最强烈的是经营者，因此，集体选择中的主要动力也来自经营者。面对“移地升级”，经营者的态度如何？采取了哪些行动来表达利益诉求？这些态度和行为对市场秩序造成了哪些影响？这些是本研究所关注的问题，也是市场秩序建设中不得不关注的现实问题。“移地升级”过程中，如何妥善处理各种矛盾冲突，真正实现市场的“升级”和保障市场交易的有序进行，至关重要。

三、创新之处

首先，本书明确了集体选择在市场制度和秩序变迁中的重要地位。当存在实现公共利益的空间，或者某一群体的共同利益受到威胁时，行动者就会以集体选择的方式来实现集体利益，对于市场经营场地的变迁、市场制度和秩序的变迁而言，同样如此。

其次，在集体选择的研究议题中，奥尔森和奥斯特罗姆的理论是经济场域中集体选择研究的经典之作。但前者强调集体选择中的经济理性人假设，后者对集体选择环境的独立性有着严格的要求，两者的分析类似于集体选择研究中的“理想类型”，对内在动机和外在环境的假设降低了理论的解释力度。现实中的集体选择是在权力冲突中进行的，本书中的集体选择是在政治权力、市场权力和社会权力的冲突中做出的，其中社会权力对集体选择目标的实现尤为重要，没有社会权力的增长，集体选择的整体目标基本无法实现。

社会权力寓于熟悉关系之中，熟悉关系中的交往原则和行为方式既有理性计算的一面，也有感性选择的一面，这些感性特征同样表现在集体选择的过程中。除了社会权力之外，政治权力和市场权力对集体选择目标的实现也起到重要作用，二者与社会权力协作的意愿和能力决定着集体选择目标的实现程度。

社会权力主要指经营者在熟悉关系及其社会组织中所形成的社会认同力量和行动能力。本书强调社会权力寓于熟悉关系之中，一方面，当经营者的群体利益受到威胁时，熟悉关系中的交往与合作可以提高群体认同感，增加一致行动的可能性，帮助经营者实现集体选择的目标；另一方面，在诸如保护市场区域品牌、改善市场经营环境、获得更多产品信息及资源等方面，经营者有着共同的利益。熟悉关系可以促进经营者之间的信任与合作，推动市场繁荣和产业升级，从而增加经营者的群体利益，这在整个"移地升级"和市场秩序优化的过程中是不可或缺的。此外，在集体选择的过程中，经营者作为行为主体，其行为本身并非是完全理性的，其明显受到熟悉关系中的意义、价值、伦理、习惯、习俗等因素的影响和制约。熟悉关系在本书的案例中以及一些商品市场中广泛存在，其发挥的作用不容忽视。

第三节　研究方案

一、实地研究地点的选择

本书以CC市汽车配件市场为案例，研究市场经营者为了实现市场繁荣与市场秩序而做出的努力。在这个过程中，经营者在市场管理者与开发商的"权力—利益"网中不断行动，以熟悉关系为基础，以商会运作为依托，其认知能力、判断能力得以提升，群体认同得以凝聚。本书将经营者的这种权力称为"社会权力"。

选取CC市汽车配件市场的集体搬迁行动作为本文的研究案例，首先是因为笔者参与了导师刘少杰教授主持的"和谐社会建设背景下完善市场交易秩序的本土化研究"这一国家社科基金重大课题，有多次深入市场调查的经历，对该市场发展变迁的历史有较清晰的认知。其次，该市场的发展阶段性较为明显，在不同发展阶段，政治权力、市场权力和社会权力发挥着不同的作用并体现出不同的特征，能够较好地展现三种权力之间的关系变迁以及它们之间的关系对集体目标的影响。

此外，选择CC市汽车配件市场作为本研究的案例还有一个重要原因，即该市场中经营者的社会关系网络比较紧密，亲戚关系、师徒关系、老乡关系相互联系在一起，构成市场经营中的竞争与合作环境，伴随在市场发展的不同时期。从市场发展的上升期到成熟期再到变迁期，熟悉关系经历了由竞争型到稳定型的转变，旨在维持市场秩序稳定的熟悉关系类型具有较强的自组织能力，面对政府权力和开发商力量的介入，经营者能够依托社会权力的力量展开博弈，有效维护自身的利益。经营者之间的认同力量和一致行动的能力对政治权力和市场权力的干预形成有效制约，为集体选择目标的实现奠定了基础。

二、研究的基本思路

“移地升级”中各种矛盾相继出现，如果不及时解决则会愈演愈烈，对市场秩序造成严重干扰。政府部门、开发商、经营者等主要市场参与主体各自有不同的目标，这些目标中，有些是相互融合的，有些则是相互冲突的。在矛盾和斗争中，如何实现市场的持续繁荣、促进市场有序运行、有效保护经营者的利益，是本书关注的主要问题。

本书以经营者对经营场地的集体选择为主线，研究在市场发展的不同阶段，政治权力、市场权力和社会权力三者之间的关系以及在集体选择中的不同作用，在此基础上，对市场制度的供给和秩序的变迁做出解释。其中，社会权力的作用尤为重要，只有当社会权力足够强大时，经营者集体选择的目标才有可能实现。

根据本书案例中市场的发展变迁过程，可以将其分为形成期、上升期、成熟期和变迁期四个阶段，在不同阶段，政治权力和市场权力发挥作用的强度、方向以及社会权力的强弱都有所不同，集体选择的具体展开方式也有所不同。

首先，在20世纪90年代初的市场形成期，政治干预力度大，社会权力发挥的作用非常有限，但此时房地产市场并不红火，市场开发商向政府游说追逐土地商业价值的成分较少。作为市场建设者的开发商，其身份是直属于开发区政府的国有企业，政府与开发商建设市场的目的相对单一，即培植市场的规模效益并方便市场的管理，将市场的繁荣和发展看作政府的工作来完成。

其次，在市场上升期，政治权力的干预力度减弱，市场经营场所相对固定，影响市场秩序的主要因素是开发商的市场权力和经营者的社会权力。此时市场权力的力量有所增长，随着房地产行业的兴盛，开发商向经营者提出了更高的市场租金和管理费用方面的要求，而对市场的硬件设施则缺乏修缮和维护，缺乏与经营者协作的意愿。在此阶段，经营者将主要精力放在市场竞争上，其社会关系网络围绕竞争而存在，内部的矛盾冲突较大，缺乏合作，难以与开发商的市场权力展开博弈，在诸如改善经营环境、维护基本设施建设、降低租金等方面所起作用极其有限，在一定意义上加速了市场硬件设施和经营环境的破败。

再次，在市场成熟期，一方面是市场权力随着房地产业的兴盛而继续增强，持续市场上升期的特征，仍然缺乏与经营者协作的意愿；另一方面是经营者之间的关系网络由冲突转为维持市场秩序的稳定，在竞争的同时展开各种类型的合作，具备一定的组织能力和一致行动的能力，社会权力大幅度增长。经历了市场上升期，经营规模扩大，经营者数量增多，市场变得日益拥挤，加上租金的攀升和硬件设施的破败，经营者的不满情绪不断增大。此时，外来开发商趁机介入市场，与政府部门招商引资的需求相契合，二者联合抛出"移地升级"的战略，建设新市场以满足市场经营规模扩大的需求。

最后，在市场变迁期，政治权力逐步由台前转为幕后，在新、旧两个市场开发商的冲突中尽量维持平衡，同时，在开发商和经营者之间的冲突中偏向于维护经营者的利益，以求维持市场秩序的稳定和促进市场繁荣。新、旧两个市场开发商围绕搬迁还是不搬迁的问题，冲突激烈，之前的"整体搬迁"计划搁浅，双方为了各自的市场收益不得不展开与经营者的协作，从帮助经营者建立商会，到宣传、保护市场的区域品牌，再到帮助经营者获取各种经营资源，开发商与经营者之间协作的范围越来越广，市场权力和社会权力粉墨登场。这一阶段是集体选择中权力斗争最为激烈的阶段，也是权力之间的协作意愿和协作能力大幅提升的阶段。依靠熟悉关系中的认同力量和一致行动的能力，经营者逐步增强自组织能力和与其他市场参与主体谈判的能力，在与政治权力和市场权力的博弈中不断发挥能动性，争取自身的群体利益，实现集体选择目标。

本书从政治权力、市场权力与社会权力相互作用的角度，在动态的实践过程中，考察政府部门、开发商、经营者等主要市场参与主体面对“移地升级”时所采取的行动和策略，围绕经营者对经营场地的集体选择，说明市场的持续繁荣是如何实现的，以及市场秩序是如何形成和变迁的。

经营者的集体选择可以带来市场制度的创新，首先是自治组织、商会的制度创新。在“移地升级”的集体选择过程中，自治组织重新被建立起来，并且很快完善了制度规则，围绕是否搬迁、汽配会的召开、物流安全、公共设施维护等问题开展活动，多次探讨并组织系列活动对商会和市场进行宣传，不但在组织形式上，而且在实质内容上，提高了经营者的自组织能力，为市场竞争能力的提高和市场秩序的完善，或者说，为真正意义上的“市场升级”打下了基础。其次是对市场品牌资源的保护手段上创新。品牌效应对市场的发展至关重要，不仅汽车配件市场内各个分散的经营者都有自己的品牌，汽车配件市场从总体上说也是一个区域品牌。以是否搬迁为出发点，经营者在与开发商的博弈中，促使开发商在市场区域品牌宣传和品牌资源保护上下功夫：对外在各种汽配商会展览和《汽配商情》等专业杂志上开展宣传，对内规范装修，制作统一的门帘，规范经营秩序，提高整个市场的形象。再次，从制度供给的特征上来看，经营者的制度创新是一种相对温和的、以非正式制度的创新和变迁为主的自下而上的制度变通，集体选择的过程中并没有出现群情激愤的抗争。最后，我们强调集体选择和制度创新中熟悉关系的作用。对熟悉关系的强调符合集体选择理论发展的学术脉络，熟悉关系中蕴含着丰富的社会资本和社会权力，熟悉关系的力量可以保护经营者在市场经营实践中避免政府权力和商业资本联合起来“建构”市场所引起的动荡，促进市场秩序的优化。在国家力量和市场力量的冲击中，维持熟悉关系是非常必要的，不仅对社会秩序而言如此，对市场秩序而言也是如此。

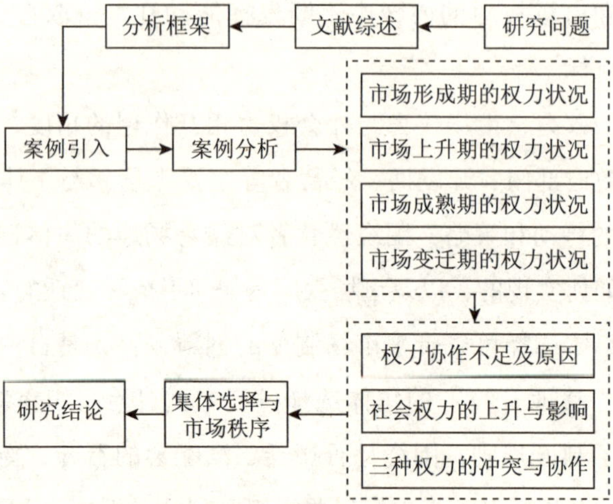

图1－3　本书的基本研究思路

三、篇章结构安排

根据上述研究思路，本书共分为七章，主要内容安排如图1－4所示。

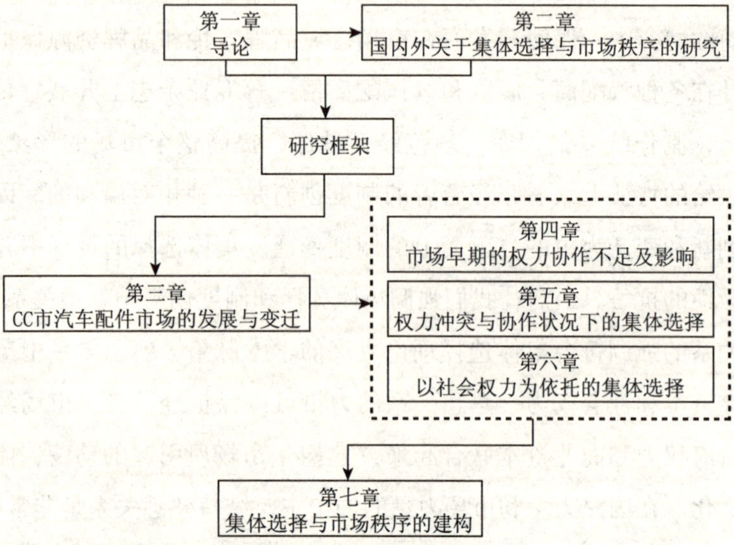

图1－4　本书的篇章结构

第一章“导论”：从市场形成与繁荣的理论背景与现实背景出发，阐释集体选择的重要意义及本研究的必要性，基于现有研究不足和理论困惑提出本书研究的问题，并介绍本书的研究对象、研究思路、结构安排和研究方法。

第二章“国内外关于集体选择与市场秩序的研究”：首先辨析集体选择的概念，介绍集体选择研究的不同范式，并提出市场秩序形成中社会权力的作用，界定研究空间。

第三章“CC 市汽车配件市场的发展与变迁”：介绍本书的研究案例及“移地升级”思路形成的过程。

第四章“市场早期的权力协作不足及影响”：提出“集体选择是在权力冲突与权力协作中进行的”这一理论观点，分析市场形成早期权力协作不足的状况，及其如何为后期的权力冲突埋下隐患。

第五章“权力冲突与协作状况下的集体选择”：对目前的权力冲突类型、权力的分化、潜在协作的可能性进行分析。

第六章“以社会权力为依托的集体选择”：对以经营者熟悉关系为基础和商会运作为依托的社会权力，在集体选择展开过程中的行动策略及其效果进行分析。

第七章“集体选择与市场秩序的建构”：市场秩序的建构是政治权力、市场权力和社会权力共同作用的结果，在政治权力和市场权力的互构中，经营者的权力和利益不断分化与整合。

结语：基于已有研究和本书研究，总结研究结论，进行相关讨论，并提出研究不足和进一步研究的空间。

第二章
国内外关于集体选择与市场秩序的研究

群体利益需要以集体选择的方式实现，根据选择主体的不同，集体选择的方式可以是自上而下的制度设计过程，也可以是自下而上的制度创新过程；选择主体的理性化和组织化程度各异，有些选择主体的理性化和组织化程度较高，有些则相对较低。商品市场中经营者的集体选择是在政治权力、社会权力和市场权力的相互冲突与融合中进行的，它反映的是政治、市场与社会之间的关系。因此，本章除了对经济行动中的集体选择进行文献梳理外，还着重评述了市场秩序形成中的权力冲突。

第一节　经济行动中的集体选择研究

在关于集体选择的研究中，奥尔森和奥斯特罗姆坚持的是理性选择原理，只是奥尔森将“成本—收益”原理贯彻得更为彻底，奥斯特罗姆则注重自组织能力的提高和实践过程中非正式规则的有效性，强调制度变迁并不是机械的计算和设计过程。与传统经济学家的理性思维相反，制度学派的代表人物迪马奇奥在研究经济行动中的集体选择时，注重“野兽精神”这种非理性因素的影响。行为学派的研究则进一步揭示了使人们经常性地偏离理性的那些因素是如何发挥作用的。事实上，在理性和本能之间的是感性，感性选择是刘少杰教授近年来在研究经济行动时提出的重要概念，也是本书研究集体选择不可或缺的重要分析工具之一。

一、理性化的制度设计：奥尔森集体行动的逻辑

奥尔森的学术生涯执著于对集体行动的研究，可以说，他一生专门研究这样一个问题：为什么理性的个体行为往往不能带来理性的集体或理性的社

会？他将经济学方法运用于社会政治领域，坚持方法论个体主义和经济理性人假设，深入地研究集体行动问题，对政治学、社会学、管理学以及其他社会科学的发展产生了重大影响。鲜明的问题、深刻的论述、发人深省的见解给他带来了很高的学术声誉和地位，其学术贡献远远超越经济学的范围。

在奥尔森之前，社会科学家往往假设：一个具有共同利益的群体，一定会为实现这个共同利益采取集体行动。但奥尔森从经济理性人假设和方法论个体主义的视角出发，得出了相反的结论。他认为，"这个假设不能很好地解释和预测集体行动的结果，许多合乎集体利益的集体行动并没有发生。相反，个人的自利行为往往导致对集体不利、甚至极其有害的结果，如公地悲剧、囚徒困境等"（奥尔森，1995）。集体行动为什么是不可能的呢？奥尔森给出的答案是：大量搭便车行为的存在。集体行动的成果具有公共物品的性质。公共物品这一概念并非奥尔森原创，早在1739年，休谟就提出了这一概念。1954年，经济学家萨缪尔森也引用并且规范了公共物品的概念。奥尔森的原创之处在于他提出了针对公共物品的搭便车行为。所谓公共物品，即是"所有集体成员都能享受的集体成果，包括那些没有分担集体行动成本的成员。从'成本—收益'原理出发，一旦私人提供了某种公共物品，他便无法排除群体内的其他成员享用这一公共物品。例如，由于罢工的胜利，工人获得加薪，这对所有工人都有好处"（奥尔森，1995）。这些"好处"平均下来，对每个工人来说也许微不足道，但那些参加罢工的工人却承担了所有风险和成本。这种不合理的"成本—收益"结构往往会导致搭便车行为。随着集体规模的增大，成员似乎更加相信个人的付出微不足道。因此，奥尔森得出一个极具争议性的结论："由于搭便车行为的广泛存在，理性、自利的个人一般不会为争取集体利益做贡献"（奥尔森，1995）。而随着集体规模的增大，理性的集体行动会越来越难实现。

提出问题只是展开研究的前提。奥尔森在给出了"集体行动是不可能的"这一基本论断之后，采取"先破后立"的方法，结合实证分析，论述了在何种境况下，集体行动是可能的，旨在突破集体行动的困境，促进集体利益和社会公益。在《集体行动的逻辑》一书中，奥尔森讨论了各种各样的不同集团，如“大集团”“小集团”“非对称集团”“排外集团”“相容集团”“压力集团”“潜在集团”等，分门别类地寻求集体行动成功的原因。奥尔森的结论是：“小集团比大集团更容易组织起集体行动；相容集团比排外集团更容易实现集体行动；具有选择性激励机制的集团比没有这种机制的集团更容易组织集体行动”（奥尔森，1995）。小集团之所以能够成功，是因为小集团中的人相互熟知，共享某种社会规范，同时便于监督，更容易受到“集体表象”的约束。而“如果收益是非对称的，那么集团中就会出现少数剥削多数的情况，即占有份额较少的大部分个体搭便车，而占有份额较多的少数个体承担提供公共物品的所有成本”（奥尔森，1995），因而，集体行动得以实现。相容集团面临的是如何“做大蛋糕”的问题，在此过程中，“众人拾柴火焰高”，集团规模越大越好，因此，与排外集团的“分蛋糕”相比，前者更容易实现集体行动。但相容集团并不是实现集体行动的充分条件，要保证集体行动的实现，还必须克服搭便车问题，这就需要制定“选择性激励机制”，通过正向的奖赏激励和负向的惩罚措施，对成员的行为“赏罚分明”，鼓励成员为集体做出贡献。

在形式各异的集体行动中，奥尔森重点研究的是大集团的集体行动，注重“选择性激励机制”的作用。选择性激励机制实质上是一种制度设计。奥尔森以经济人为基本假定和前提，运用微观经济学的“成本—收益”分析方法，解释个人偏好与群体利益以及国家利益的关系，理性化的制度设计是他最为青睐的解决搭便车问题的手段。这是经济学向外扩张的典型表现，经济学的形式化思维为其理论扩张提供了便利的分析工具，它以抽象化、简单化的基本行为假定和理论模式，对复杂的重大命题做出解释。正是这种简化、形式化的分析使他的理论一针见血，与众不同，具有深刻的说服力，但这也正是该理论的缺陷所在。奥尔森在享受极高学术声誉的同时被人称为单一理论的思想家，遭受各种各样的批评，所受批评中，最为激烈的就是针对其理性人假设。奥尔森的理性人假设片面简化了人类的行为动机，虽然他本人也承认在小群体中，群体规范、传统习惯、意识形态等因素会影响成员的行为选择，但他似乎更关注对大规模群体集体行动问题的研究，并从大规模群体中抽象出"一般化"的理论模型，试图忽略"经济人"和"社会人"的差异。正是基于经济理性人的研究假设，奥尔森认为，一般情况下，集体行动是不可能的。面对利他主义行为，以及大量无法用经济理性人假设来解释的集体行动时，奥尔森简单地认为这些反例是"逻辑上可能，但根据经验却肯定是无足轻重的例子"（奥尔森，1995），并且反复表明，自己关注的重点是公司、农场、卡特尔等经济组织。但这样的解释不过是自圆其说，只是为了追求其理论模型的前后一致而已。

不可否认的是，人类的行为动机是复杂的，过于坚持经济理性人假设是不恰当的。"他关于人的理性及原子化决策的假设是不恰当的，这将导致人们对某些影响集体行动的因素（如价值观和社会网络）的忽视"（莫里斯和谬勒，2002）。即便是在理性的经济行动中，群体成员由于相互之间的往来、兴趣、爱好等，也能产生出复杂的人际关系网络，更不用说经济交往只占了人类所有交往行为的一小部分。对人际关系网络的研究，极大地提高了对人类行为、集体行动研究的解释力，这也正是格兰诺维特的网络嵌入理论一经提出便受到高度关注和认同的原因。理性化的制度设计只是集体选择的一种形式，而且是针对组织化、理性化程度较高的选择主体而言的，对于那些分散的、弱组织状态下的市场参与主体而言，他们或者不具备较高的理性化程度，或者不具备制度设计的合法性权威，因此，通过制度设计的方式来实现集体目标对他们来说是困难的。更何况，他们面临的首要任务可能不是解决群体成员的搭便车问题，而是解决外来威胁。

此外，传统社会学理论在研究集体行动、公共物品等问题时也经历了一个范式的变迁。20 世纪 80 年代以来，逐步从功利主义导向的资源动员理论向意义建构导向的社会建构理论转变，并对奥尔森的集体行动理论提出了质疑和批评。新的研究范式认为，起源于奥尔森的理性选择理论，他把成本—收益作了权衡，而不是把剥夺感和不满情绪置于公共物品理论的核心，巧妙地避开了意义、意向、观念、价值观和情感之类的东西（莫里斯和谬勒，2002）。而对于搭便车问题，在假定最初的网络嵌入性存在的前提下，也会随着集体行动组织动员过程中形成的集体认同感的增加而得以克服。这些批评说明，尽管与早期的非理性模型相比，理性模型具有不少优点，但这并不代表其他因素可以被忽略。个人是否参与集体行动并不是一个单纯的以“成本—收益”计算的经济过程，而是一个深受非经济激励影响的社会过程。

二、自组织的制度演进：奥斯特罗姆公共事务的治理之道

奥斯特罗姆的“公共事务的治理之道”是建立在对奥尔森观点的批评之上的。她认为，奥尔森等人的集体行动模型，并不适用于小群体的分析。小集团中的现实条件没有逼近奥尔森模型中的假设条件，通过相互交往和沟通，行动者能够知道谁是值得信任的。因此，她认为，奥尔森的理论“没有反映出制度变迁的渐进性和制度自主转化的本质”（奥斯特罗姆，2000）。奥斯特罗姆强调“对不确定的收益和成本进行有根据的评估”，“评估”是根据既往经验和对未来的预测而进行的，不仅包括经济上的评价，还包括价值评价、认同评价。这实际上是对奥尔森的研究假设进行修正，尤其是面对那些无法用市场价格来衡量的公共利益（如公共池塘资源的环境）时，更是如此。此种情境下，根据某个单一观察变量最大化来选择规则并不是一种明智的策略，非货币化关系往往具有重要意义。这无疑是对集体行动中的纯粹理性计算能力的否定。

作为实际演进的制度，往往是一个不太严格的制度设计过程，在这个过程中，行为者面对的是复杂而不确定的情境。但假定个人是力求尽可能有效地解决问题的，这一假定与“认为个体是无能力的、邪恶的或非理性的”相反，也不认为他人是全知全能的。因此，进行大量的试错和学习是对行动者集体选择过程中唯一合理的假设（奥斯特罗姆，2000）。在此过程中，内部规则可以充分发挥作用，人们在交往互动中相互学习，容易得到有关环境和未来成本收益的真实信息，也容易建立起信任和一致的社群观念，交往实践中

形成的信任、社会资本，有利于集体行动的实现，这被看作是解决新制度供给问题的有效机制。

在不太严格的制度安排中，需要一个有限理性和道德行为的行为模型，该模型与生物学家和演进心理学家的研究成果是一致的：所有个人具有继承而来的倾向，学习如何运用互惠和社会规则。“信任、尊重和互惠这些变量成为第二代理性选择模型系列的核心”（奥斯特罗姆，2000）。但是，对个人来说，要了解新制度的收益，并不是一件简单的事情。社会心理学家的研究结论表明：人们在评估成本与收益的时候，是存在偏差的。这些偏差主要表现在以下几个方面：“人们对潜在损失的重视程度要高于对潜在收益的重视程度，人们对避免未来损害的预期收益的重视大大胜过对生产未来产品收益的重视；当存在对未来损失的普遍认可时，人们会愿意接受限制他们使用资源的新规则。但是，所有占用者更为关注的往往是即时成本而不是未来收益”（奥斯特罗姆，2000）。尽管存在这些偏差，行动者最终还是能够把制度“搞正确”的，只是“这个过程需要有一整套能在文化上被认同的规则，还需要有关于时间变量和空间变量的可靠的信息”（奥斯特罗姆，2000）。

奥斯特罗姆认为，对中央政府来说，拥有足够的信息、规定适当的罚金是很困难的事情，而小规模的社会契约更容易发挥作用。小规模社会契约占优势的原因在于：行动者拥有其所处环境的真实可靠的信息，他们对未来成本收益的估算更容易得到本群体内其他行动者的认同。

制度变迁是循序渐进的和连续的，每一步都改变了激励结构，任何人在进行更大的投资之前，初始投资的中期收益就已经显现出来，而这种结构正是未来决策的依据。并且，从较小规则的改变中取得收益将会转变对较大规则改变中的评估方法，增强对较大规则改变的信心。此外，交往实践中的伦理约束、可信承诺、相互监督、舆论压力也起到重要作用，有利于集体行动中的规则实施。

可见，奥斯特罗姆主要研究群体成员如何通过交往互动而获得真实信息、制定自治规则并逐步实现群体利益。至于搭便车问题，她认为，行为者可以通过内部监督和策略性选择而相对轻松地将其解决。行为者在进行策略选择时往往采用权变策略，根据全部现实条件灵活变化行动方案，这就使得可信承诺和自我监督成为可能。权变行为是形成长期稳定合作结果的来源：如果有人违规，另一人也可以违规或者对违规者进行惩罚。对未来“成本—收益”的一致信念，使得行动者更有可能采取自我约束，以便维持长期的收益。总之，可靠信息的获得、信任的建立、权变策略及自我监督的实现可以增加自主治理和集体行动的可能性。

最后，奥斯特罗姆着重说明自主治理的实现还与一系列的“内外环境因素”有关。就内在因素而言，首先是参与者之间的力量对比不能太鲜明，否则便容易形成非均衡的、强加的结构。其次是参与者之间原有的熟悉程度、信任基础、认同程度的高低等因素。在一个缺乏信任的环境中，要建立起合作的原则是非常困难的。此外，各种非正式论坛的建立和存在也有利于交流和共识的实现。就外在因素而言，至少应该保证外在权力机构不对自治组织进行阻止和干预。比如，有些地方的公共森林资源，长期以来村民早已对采集林产品的进度和方式实行了严格的限制，但一些政府机构后来发布了森林开采的详细规则，却又雇佣不到足够的林务官去强制执行规则，或者给林务官的薪金太低，使接受贿赂成为补充收入的常规方式。结果是，“国有化把原先限制进入的公共财产变成了开放性的资源”（奥斯特罗姆，2000）。事实上，公共制度和私有制度经常是相互聚合、相互依存的，大多数成功案例中的制度安排都是公共体制与私人体制的多方面结合。

总之，奥斯特罗姆对集体选择理论做出了发展和推进，她的“第二代理性选择理论”已经肯定了有限理性、道德行为和价值认同的重要性。她把风俗习惯、伦理道德、传统规则等难以计算的变量纳入集体选择的范围，肯定了集体选择过程中影响因素的多样性，这为我们今天的集体选择研究做出了重要的理论铺垫。她提出的小规模的集体选择和多中心的治理模式，打破了奥尔森的形式化和单一化思维，正是价值认同、信任等非经济因素的存在，使得中小规模的集体选择得以实现。奥斯特罗姆也因此反对中央集权式的理性制度设计，她认为，中央政府所掌握的信息有限，价值整合的难度较大，而多中心的治理模式要相对容易得多。

在肯定自主治理模式的同时，她指出了自主治理的集体选择面临的困境：如果存在外界的政治干预，则制度供给较难实现。而目前的集体选择研究中，鲜有不受外界政治干预的自主环境，因此，要更深入地探讨集体选择的可能性，还需要在两个方面对奥斯特罗姆的理论进行扩展：一是进一步发掘熟悉关系、价值认同等非经济因素在集体选择中的作用方式；二是要降低对外界环境的要求，直面集体选择中的政治权力干预以及其他外界力量的介入，在此基础上所形成的集体选择理论要更加符合实际。

三、不确定状况下的判断：对理性的系统性偏离

早期社会学在研究集体选择问题时，多关注突发事件，倾向于认为行动参与者是非理性的，从勒庞的"乌合之众"到特纳的群体规范理论、斯梅尔瑟的价值累加理论，都说明了集体行动特别是突发事件中，参与者由于缺乏规则的引导，其反应往往是非理性的。或者说，"只有在明确的价值、明确的规范和明确的目标的情况下，集体选择或者集体行动才是有意义的，否则就是乌合之众"（勒庞，2004）。市场行为中的集体选择虽然很少像突发事件中的行动者那样无序，但同样受到非理性因素的制约。

作为非理性因素的代表，不确定性对经济社会学来说有着极为重要的含义。Beckert 认为，相对于经济学的理性和确定性，不确定性才是经济社会学立基之所在，因为这一概念从根本上挑战了经济学的最大化假设，并且打开了一个使经济社会学得以进入的探索空间：行动者如何化约不确定性。Beckert 指出了 5 大类化约不确定性的工具：文化、权力、制度、社会结构、认知过程（Beckert，1996）。

迪玛奇奥在研究组织与市场关系时，用"野兽精神"（又译作"动物精神"，英文原词为"animal spirit"）来表达市场参与者对不确定性与风险的集体反应。"野兽精神"是凯恩斯在 1936 年所著的《就业、利息与货币通论》

一书中提出来的，在凯恩斯看来，“野兽精神”是一种非理性的心理现象，行为具有不稳定性，信心或信任可以由“野兽精神”产生。“人的积极性行为，有一大部分，与其说是冷静计算之后的结果（不论是在道德方面、苦乐方面或经济方面），不如说是取决于一种油然自发的乐观情绪”（凯恩斯，1936）。

这种积极的或者说盲目的乐观精神影响了人们在投资、经营中的行为选择。在面临市场不确定性和风险性时，经营者或投资者往往选择模仿、跟风等行为，保持一致或采取集体行动，共同抵御风险。凯恩斯“野兽精神”的概念提出之后，由于这些“情感成分”很有可能降低经济学的解释能力，因此它并未引起很多注意，或者说经济学家有意在逃避这一研究领域，但这并不意味着研究者可以忽视这一思想的重要性。“凯恩斯之所以要在《就业、利息与货币通论》中论及“野兽精神”问题，是因为他认识到，关于经济未来状态的不确定性使经济周期与危机多了一种不可化约的情感成分”（迪玛奇奥，2006）。“野兽精神”为后来行为经济学的发展奠定了基础，为学术界对不确定状况下的人类经济行为展开跨学科的研究奠定了基础。

另一位对“野兽精神”颇有研究的经济学家是罗伯特·希勒，他将“野兽精神”应用于金融领域，提出了“非理性繁荣”，被视为行为金融学的主要创始人之一，引发了金融学的革命。他的两本专著《非理性繁荣》和《动物精神》（与乔治·阿克洛夫合著）被认为是该领域的经典之作。

盲目的乐观精神或者说“野兽精神”，会导致市场的波动。人们做出市场决策时所依赖的往往是极其有限的信息，这些信息还受到“预期理论”和决策的“启发式原则”（卡尼曼和特沃斯基，2008）的影响。卡尼曼和特沃斯基等人将心理学的洞察力与经济学相结合，强调人们的经济行为不仅受到利益的驱使，而且还受到多种心理因素的影响，提出了判断和决策中的“预期理论”（Prospect Theory）。该理论指出：在可以计算的大多数情况下，人们对所损失的东西的价值估计高出得到相同东西的价值的两倍。人们的视角不同，其决策与判断是存在偏差的（卡尼曼，2006）。

与预期理论不同，启发式原则是指行为者根据以往经验做出判断，它虽然不能保证问题解决的确定性和彻底性，但却可以经常有效地解决问题。这反映在企业管理或组织上，是企业的模仿机制和趋同性行为；反映在分散的经营者身上，则是经营者之间的相互模仿。在面临不确定问题时，组织或个人等市场参与者往往模仿同一组织或同一行业中他人的行为和做法。迪玛奇奥在《内生的动物精神：不确定性和与风险的集体反应》一文中指出，"大多数经济学家，低估了凯恩斯指出的风险。我们社会学家则应将之记在心上。由于社会学家对集体行为的研究有着丰富的经验，因此与经济学家相比，我们有着更好的理论工具与方法来理解动物精神的原因与后果"（迪玛奇奥，2006）。

"作为社会运动的市场"是"野兽精神"的直接后果。市场参与者的行为方式并非是孤立的个体理性行为，交易规则的建立、交易秩序的变迁在一定意义上就像一场"社会运动"（迪马奇奥，2006），这场社会运动可能是组织化、理性化程度相对较高的，也可能是以一种恐慌的、极端的方式表现出来的。"经济市场也是一个集体运动的过程，在这一过程中，行动者彼此影响对方在不确定性条件下的风险估计。社会学家和社会心理学家关于气氛形成的研究、社会学家关于阈值模型对集体行动影响的研究，为理解这些现象提供了基本的原则与原理"（迪玛奇奥，2006）。

理解"野兽精神"，关键之处不在于理解"野兽精神"的社会心理学过程，而在于"理解情感的社会组织化过程"（迪玛奇奥，2006）。由此出发，迪玛奇奥给出了经济社会学研究市场问题的新议题：研究市场参与者的集体选择行为，就必须把握信心、情感等主观动机在交往互动和关系网络中是如何发展演变的，这些动机又是如何与理性的经济动机一起影响人们的经济决策的。对于这一核心问题，迪玛奇奥本人并没有给出详细的回答，他只是在论述组织趋同性时提及作为合法化趋同机制的"组织模仿"现象，认为组织之间的模仿是由组织目标的复杂性和组织环境的不确定性导致的。

迪马奇奥的贡献在于他为集体选择的研究明确了另一个研究方向：组织或个人等市场参与者的模仿行为。模仿可能是组织合法性的要求，也可能是节约选择成本的需要。从理性程度上来划分，它可以是经过理性计算之后的结果，也可以是缺乏理性计算和推理的模仿；有些模仿的理性化程度较高，另一些则相对较低，或者干脆就是非理性的。经济学家们忽视了这些洞见，社会学研究则不应忽视，根据理性程度的不同，可以将不同的集体选择进行分类并加以区别。至于情感的社会组织化过程，虽然迪马奇奥没有给出明确的答案，但他指出，格兰诺维特和 D. A. 斯诺对此已经做过丰富的研究，这些研究成果对于集体选择的组织动员来说是必不可少的。

社会学网络学派的代表人物格兰诺维特提出了“阈值”模型，指出“在一定的阈值之上，人们的行为将从谨慎的悲观主义突然转变为参与性的乐观主义。在分布相对正常的地方，乐观主义以一种温和的、波浪式的方式在这个系统中传播；在分布离散的地方，乐观主义的扩散就会有障碍，并可能妨碍经济的最终复苏”（格兰诺维特，1986）。研究集体行动领域的社会学家 D. A. 斯诺则提出了集体行动的框架理论模型，用于向人们展示集体行动中的情感、信心、共享观念等是如何形成、发展和演化的。

框架理论源于戈夫曼，经 D. A. 斯诺、麦克亚当等人的共同努力而发扬光大。框架是“一种有助于在行动者的当下及过往背景中识别目标、情境、事件、经历和行动的轻重缓急的解读框架”（Snow，1986）。D. A. 斯诺将框架理论分为四个过程：框架沟通（Frame Bridging）、框架详述（Frame Amplification）、框架扩展（Frame Extension）和框架转型（Frame Transformation）。经由这四个过程，框架理论三个相互联系的核心任务得以完成，包括：①对某种事件或社会问题的诊断（诊断框架，Diagnostic Framing）；②关于所诊断问题的解决之道的陈述和提议（处方框架，Prognostic Framing）；③对参与集体行动的呼吁或论证（动机框架，Motivational Framing）（Snow，2000）。此外，不同受众和行动者对事件的诠释和理解是不同的，运动组织者要进行策略性的互动和框架整合。在框架整合中，“关键群体”起到重要作用，“作为一种动员网络，关键群体能够在其他人不愿意加入的情况下也有旨趣进行动员，并且付出必要的社会成本”（Oliver，1985）。当然，框架整合理论对群体本身的性质也有一定要求，其成员本身需要具备一定的异质性差异和中度自主性。“如果动员主体同质性程度和自主性程度过高，则无法嵌入于更大尺度的社会结构之中，那么，动员主体和被动员对象的社会交互空间就会趋于狭隘，会加大框架整合的难度”（刘春荣，2010）。由此可见，框架化过程是建立在特定的社会关系网络的基础之上的，框架理论实质上是对关系网络理论的发展，展现了关系网络中情感和信心等主观动机因素是如何被组织起来的，这对本书案例中经营者的集体选择研究具有重要的启发意义。

四、理性与本能之间：感性选择理论

影响选择行为的因素是多种多样的，经济学家所说的理性选择是对现实的一种抽象和简化，用韦伯的话来说就是一种“理想类型”。形式理性的不断完善并没有给经济学带来更好的理论解释力，反而掣肘了它的进一步发展。面对现实问题，形式化的理性选择理论在发展过程中受到各方面的批评，既包括外部的、来自其他学科的批评，也包括经济学家本身对自己研究假设的反思。正是经济学家首先提出了理性支配选择行为能力的有限性问题，并由此推进了对非理性行为和感性行为的研究。其中，最具代表性的当属西蒙和卡尼曼。西蒙开启的有限理性或过程理性研究，为感性选择的提出开辟了一条蹊径；卡尼曼、特沃斯基开展了深入的非理性选择行为的研究。卡尼曼等人通过大量的实验得出结论：人们的选择行为是理性和非理性的同构，“非理性行为”在这里是广义的含义，它既包括那些基于本能的行为，也包括大量介于理性与本能之间的感性行为。特沃斯基曾于 2002 年发表一篇题为《理性选择与感性选择原理的比较》的文章，提出了感性选择的概念，为建立感性选择理论做出了重要准备。他们开展的认知心理学研究突破了感性意识不具备选择性的传统观点，在关于感性阶段的注意、模仿等心理过程的实证研究中，揭示了人们的感性意识并不是完全被动地接受外界刺激。在进入逻辑思维之前，人们的感觉、知觉和表象等感性意识活动已经在头脑中先前积淀的信息作用下有选择地感受外界事物。认知心理学的这个发现，为感性选择研究奠定了心理学和认识论的基础。

因此，在“对理性的系统性偏离”中，既有非理性的成分，也有感性的成分。在感性选择中，“人们不用抽象思维去把握事物的本质规定性，而是在对具体事物、具体问题的直接观察中，开展自己的选择意识活动”（刘少杰，2001）。感性选择是介于理性和本能之间的。

受理性选择理论的影响，社会学家在研究人们的选择行为时，也一度注重理性，但随着研究的深入，理性选择的原则受到质疑，逐渐由形式理性转为实质理性，感性选择得以进入研究的范围。事实上，社会学理论中有丰富的关于感性选择的研究，尽管有些研究未曾明确提出感性选择的概念。如布迪厄关于实践中的感性意识、作为身心图式的惯习、实践感的前逻辑与合逻辑等方面的论述；吉登斯关于只做不说的实践意识、惯例行动等方面的论述；马尔库塞关于感觉能动性、感性压抑和感性解放的论述以及以迪马奇奥等人为代表的新制度主义社会学关于模仿、从众和制度同构等方面的论述；等等。以上都应当属于感性选择的研究范围，或者说至少是为感性选择研究作了十分重要的理论准备（刘少杰，2002a）。此外，与感性选择研究联系比较密切的还有哈耶克的感性秩序论。哈耶克认为，“社会秩序不是理性设计而成的，而是人们在不断试错、重复和习惯性的感性社会行动中逐渐生成的，称之为自发的扩展秩序或感性秩序”（哈耶克，2002）。哈耶克所提出的观点的重要意义在于，他把感性行为同社会学的研究主题——社会秩序问题紧密的联系起来。传统社会学通常是从理性选择或社会生活理性化的角度来论述现代社会秩序的生成，而哈耶克告诉人们，能使社会形成稳定秩序的不是理性设计，而是普通社会成员的感性行为（刘少杰，2002a）。

感性选择研究为社会学和经济学的选择行为研究开辟了崭新的学术视野，形成了既有广泛而深厚的现实基础，又有重大而深刻的学术价值和实践意义的理论创新。近年来，脑生理学的理论研究为感性选择提供了更多的科学依据。“脑生理学已经揭示人脑有三重构造：最里层的是掌管本能欲望和条件反射行为的原脑；第二层是能在得失计算中多一种愉悦感觉的动物脑；最外层是有着高度计算能力并能产生比本能欲望更为高级欲望的人脑”（汪和建，2006）。脑生理学家称为“动物脑”的第二层，便是感觉、直觉、表象得以发挥作用的领域，它和理性选择一起构成了人类选择行为的两大基石。

人们的选择行为是受意识支配的，对人意识的分析便成为探讨选择行为类型和特征的开端。感性选择是受感性意识支配的，“缺乏理性计算的条件或者弄不清事情原本，来不及开展信息分析和逻辑推论，就不得不做出紧迫性选择，从众、模仿、习惯和习俗等这些被心理学家和人类学家开展了深入研究的心理过程和行为方式，就是感性选择的表现形式”（刘少杰，2005）。感性选择是一种现实存在，从效率的角度来讲，尽管同精心计算的理性选择相比要显得低效，但它节约了高额的计算成本。从实践的角度来讲，只要承认人们的选择行为是在交往实践中做出的，实践的“模糊逻辑”就要发挥作用。实践的模糊逻辑是布迪厄在场域理论中提出的重要概念，他认为，日常生活中的实践“既非受制于本能，也非完全合乎理性的逻辑，而是被前理性的实践感所支配的”（布迪厄，1998），实践感是尚未进入理性层面的、介于本能和理性之间的感性因素。

就中国人的行事原则而言，感性选择占据重要地位，它是人们广泛使用的一种基本的选择方式。刘少杰教授指出，“无论是理性选择还是非理性选择，都不能恰当地指代中国人的选择行为”（刘少杰，2002b），以土为本的中国人在开展社会活动时，虽然不像亚当·斯密所说的经济人那样合规律地去追求利益的最大化，也不像西蒙和科尔曼等人所论的社会人那样能科学地处理信息、合理地调整个人同组织的关系、有效地预测行为的影响与结果，但是，“中国人也不是反原则、反规律、仅靠本能冲动开展社会行为的。中国人靠的是亲情关系、熟悉联系，并且尤为重要的是，中国人行事是有规则的，只不过中国人行事的规则不是普遍化、概念化的原则”（刘少杰，2002b）。中国人的社会选择方式是充满感性特征的，如亲情性、家族性、血缘性、圈子性和熟悉性等，这在康有为、梁漱溟、费孝通等人关于中国人行为方式的论述中已经有丰富的讨论。今天，虽然中国社会已经发生了很大变化，市场经济的原则也冲击着传统社会中个体的行为方式和选择模式，但“传统社会结构的特征在一定程度上仍然存在，并继续影响和制约着中国人的选择行为方式。社会成员依然保留了重伦理、重经验、重亲情和重熟悉关系的特点。广大基层社会成员以亲缘关系和熟悉关系开展社会交往的习惯不仅并未改变，反而在市场经济中得到进一步强化，模仿、从众和沿袭传统等感性行为方式仍然是广大基层群众的基本行为方式”（刘少杰，2002b）。

本书研究案例中，经营者的集体选择正是在理性选择与感性选择的交织中做出的。首先，经营者的经营类型以个体经营和家庭经营为主，很多经营活动与日常生活并未完全分离，居住、生活、交易都在同一个空间里完成，家庭结构和处境的变迁能够影响经营决策，理性选择受到亲情、伦理的约束。其次，面对经营风险，经营者通过相互观察和模仿来进行经营决策，其中有很大一部分是尚未进入逻辑推理和计算层面的模仿，属于感性选择的范围。例如，部分经营者决定投资产权铺面就是受到周边同类经营者或者亲朋好友的影响。经营决策中的模仿、跟风等现象较为常见。最后，感性选择有时是在迫不得已的情境下做出的，选择主体所掌握的信息和决策能力有限，无法进行精确的理性计算，甚至是被动选择。“主动是理性选择行为的明显特征之一，被动则是感性选择行为的明显特征之一”（刘少杰，2005）。具体到本书案例，第一次搬迁事件中，经营者对经营场地的选择是完全被动接受的；第二次搬迁事件中，经营者也未参与到最初的搬迁决策中去，他们是在新的经营场地开工建设之后，才了解到政府的搬迁意图。理性选择是在对感性选择的反思中做出的，正是在反复的经营实践中，在与政府部门和开发商的不断博弈中，经营者不断反思并调整行为，逐步做出对自己有利的选择。

第二节　市场秩序形成中的权力冲突

集体选择是在权力冲突中实现的，经营者的集体选择要依赖社会权力来进行，社会权力增长的目的之一就是要有效制约政治权力的干预和市场权力的过分逐利，在权力的冲突中增强经营者的话语权。政治权力干预和开发商的介入对市场经营场地的变迁是一种无法改变的现实性存在，在经营者集体选择的过程中必然会体现国家、市场和社会三者之间在权力和利益上的冲突。波兰尼的社会生活对经济的"反向运动"、诺斯的国家理论、弗雷格斯坦的"权力—文化"分析方法、格兰诺维特的网络嵌入理论都蕴含着对国家、市场和社会之间权力关系的不同态度。中国市场经济改革以来，并没有按照"市场过渡论"❶所预言的那样出现"政治权力贬值"，但政治权力影响经济秩序的方式确实发生了改变。在集体选择的过程中，政治权力不必然会保护社会，但社会权力可以努力争取政治权力的支持或者使其保持中立，以抗衡市场权力的侵蚀。

一、大转型中的国家、市场与社会

政府、市场和社会的关系一直是经济社会学关注的重点，也是学科研究的出发点。早在波兰尼时代，就有了关于市场和社会的"双向运动"说。波兰尼指出，"一个脱嵌的、完全自我调节的市场力量是十分野蛮的力量，因为当它试图把人类与自然环境完全变为纯粹商品时，它必然导致社会与自然环境的毁灭。市场力量的扩张或早或晚都会引发旨在保护人、自然和生产组织的反向运动"（波兰尼，2007）。市场力量的扩张要求保护社会，可以是公民自发的保护，也可以是自上而下的保护。由此，波兰尼引申出了两个保护社会的主体：政治权力及社会力量。其中，政治权力在市场力量的扩张中所起的作用是双重的，它一方面促进了全球范围内市场的形成，例如，在15世纪和16世纪的欧洲，各国政府"有计划地打破地方性贸易和城市间贸易这两种非竞争性的商业之间的隔阂，并由此为全国性市场的出现扫清了道路"（波兰

❶ 维克托·尼根据中国的经济改革提出了"市场过渡论"的观点，把改革看作逐步由中央集权式的指令体制转变为市场体系，干部的权力会随之削弱。见维克托·尼．市场转型理论：社会主义社会从再分配向市场的转型［J］．国外社会科学，1996（5）．另外一些学者则通过大量的实证研究证明了政治权力并未随着市场经济的发展出现弱化，而是与经济权力更好地结合，发挥自身的优势，如边燕杰的"权力维续论"、白威廉的"政治市场"的观点，这些研究都强调转型中的路径依赖特征。

尼，2007）。另一方面，政治权力又通过立法保护市场秩序和社会秩序的稳定性。事实上，在国家、市场和社会的关系中，波兰尼虽然强调国家干预的作用，强调没有离开政治干预的经济发展模式，但他并未强调国家的“保护社会”作用，保护社会这一任务还是要由社会本身来承担。他只是承认，国家通过立法这种干预方式可以保护社会。由此，笔者认为，如果把“保护性立法和其他干预手段”作为“这种反向运动的特征”（王绍光，2008），这一论点是值得商榷的，至少从波兰尼的立场来看是如此。

不能把政府当作保护社会的主要任务承担者，相反，政府是促成市场力量向外扩张的重要推手，这在波兰尼的论述中随处可见。在对欧洲市场经济发展历史的考察中，波兰尼指出，单凭自发力量，“地方性市场由于受到各种规则的影响，其扩张十分困难”（波兰尼，2007）。首先，市场扩张有三个前提性条件，劳动力、土地和货币的商品化，这些前提性要素需要政治干预加以确立。随着市场化的发展，劳动力可以自由出卖，变成一种商品。但出卖劳动力的原因可以分为两类：一类是“饥饿的惩罚”，另一类是“高工资的诱惑”。所谓的自发调节的市场往往借助政策干预，让“饥饿的惩罚”作为劳动力商品化的主要动力，促进市场化进程。这扰乱了社会正常的生活秩序，损害已有的道德、伦理基础，给人们带来不安全感。工人、农场主等阶层往往是市场化过程中的最大受害者，因此，社会保护的主体应该是“依仗直接受到市场有害行动影响的群体——主要是但不仅仅是工人阶级和地主阶级的各种各样的支持”（波兰尼，2007）。其次，在政治权力的干预下，名义上是“自发市场”的市场力量不断扩张，但是这并非像经济学家所说那样是“真正自发的、自然产生的”，而是“高度人为的刺激物所产生的反应”（波兰尼，2007）。它在本质上是一个有计划的过程，政治运作和制度安排为市场发展铺平了道路；与此相对，旨在保护社会的反向运动才是自发产生的，是社会各利益群体为了保护社会生活的空间，反对市场化、商品化带来的种种弊端而自发组织起来并采取行动。这里，波兰尼深刻地发掘了市场的性质以及市场与政治权力之间的关系。

不能把政府当作保护社会的主要任务承担者，这并不是说政府在保护社会中不会采取措施，而是主要为了揭示政治权力与市场权力之间的亲和性并调动社会力量的积极性。在波兰尼看来，保护社会的主体力量必然是社会自身，是工人、地主等受市场力量冲击最强烈的阶级以及其他阶级。其中，工人在保护社会中贡献了自身的强大力量，"正是工会和工人运动，制约着自发调节的市场作用的发挥"（波兰尼，2007）。

在社会力量行动起来进行自我保护的过程中，仍然可以把政治权力看作可资利用的、与市场权力相抗衡的第三方力量。这主要有以下几个方面的原因：一是政府部门与市场利益集团之间在获益方式上存在差异；二是互惠和再分配体制在市场经济中同样起到重要作用；三是保护社会的主要措施离不开立法和其他干涉手段，这些措施的合法性的取得需要政治权力的支持；四是政治权力要获得合法性，就要承担相应的社会责任，促进社会公平、公正以及保护弱者是政府的基本责任，政治权力与社会权力之间具有天然的亲和性。

虽然强调社会的反冲力量，波兰尼认为，经济在本质上还是脱嵌的。他认为，只有在前市场时代和传统社会，市场发挥的作用极其有限，在市场经济和全球化时代，市场是脱嵌的（波兰尼，2007）。脱嵌的市场带来种种弊端，导致社会发展受到政治权力和市场权力的挤压，社会力量日益变得弱小甚至畸形。市场交换原则具有强大生命力，政治干预甚至在一定程度上还催动了市场力量的扩张，社会处于弱势地位，在此种情境下，又要求社会进行自我保护，笔者认为，这实际上是一个悖论。

波兰尼要求各阶级放下自身的狭隘利益，以共同的、普遍性利益为出发点保护社会，但他并未考虑到不同阶级、不同群体保护社会的成本，尤其是在公民社会力量尚不强大的社会或历史时期。在政治权力和市场力量之中，处于弱势地位的社会群体可以采用策略性行动实现自己的群体性利益，但"以工人阶级、地主阶级及其他阶级为基础"的社会群体实际上是一个虚幻的概念，"社会的生产"对于弱势群体来说，有时是模糊的、不可及的。正如汪和建在关系行动的研究中指出："乡村农民并不奢求国家计划经济体制的改变，城市工人也不指望国营工厂制度的革新，但他们却能通过关系行动进行一种非正式制度创新的合谋，培育出一种非正式的缝隙经济"（汪和建，2006）。对这一观点进行延伸可以发现，处于弱势地位的社会群体，即便是可以动用自身所占有的权力、关系、资源为自身谋取利益，在政治干预与市场利益原则的夹缝中谋求生存，但是从社会保护运动所带来的制度创新上来看，它更多地走的是一条非正式制度创新和对正式制度进行调试的路径，它很难带来正式制度的大规模创新。要想真正从制度上保护社会，还需要从其他途径入手。但无论如何，都必须搞清楚具体社会和具体情境中的政府、市场与社会关系。

二、市场权力的扩张与政治权力的干预

对市场权力扩张问题的重视早已有之，市场权力并不仅仅指处于垄断地位的企业相对于其他同行企业所拥有的权力，而且还包括企业与政治权力联合对其他市场参与主体的权力。如本书案例中，房地产开发商与政治权力相结合，共同做出"移地升级"的决策，而经营者只能在此前提下做出自己的选择，其利益受到开发商的市场权力的影响。

随着我国市场经济的发展，政治权力并未像市场转型论者所认为的那样"逐步贬值"（倪志伟，2002），相反，政治权力持续作用于市场经济，并对不同的社会群体产生影响。权力化市场是一种实然性存在，国家、政府在市场的创建过程中扮演着核心角色。弗雷格斯坦的国家基石论认为，"国家、政府在市场的创建过程中扮演着核心角色，那种将政府作为经济发展的破坏性力量的观点不但从历史上看是不恰当的，从学理上说也是错误的。再怎么高估政府的作用也不为过"（弗雷格斯坦，2008）。此外，白威廉和麦宜生的政治市场理论（白威廉和麦宜生，2002）、魏昂德的政府即厂商理论（魏昂德，2002）、周雪光的政治与市场共变模型（周雪光，2000）等都是建立在对"权力化市场"的认可的基础之上的。正如波兰尼所说，"地方性市场由于受到各

种规则的影响，其扩张十分困难，正是政府的干预为统一的、世界市场的形成扫清了道路"（波兰尼，2007）。

市场权力凭借与政治权力的联合得以不断扩张，但市场权力与政治权力的结合并不是一块完整的铁板，诺斯的"国家悖论"一定程度上说明了市场权力与政治权力之间的矛盾。

首先，市场权力的增长并不必然依赖国家权力，国家权力有时会为了自己的私利而阻碍市场权力的自由扩张。诺斯的"国家悖论"指出，"国家对经济增长来说既是必不可少的，又是人为经济衰退的根源"（诺斯，2008），人为经济衰退会导致市场权力的削弱。以产权制度为例，国家有权设计制度、界定产权，国家与产权的关系如何也就决定了交易成本，进而决定了经济进步。市场权力一方面指望国家能够清晰地界定产权，提供一个经济有效的资源利用结构，促进经济增长和自由市场权力的扩张；另一方面，如果国家界定的产权仅仅最大化了权力集团的收益，不但无法推动整个社会的发展，造成人为的经济衰退，而且还会出现权力寻租现象，阻碍市场权力的自由扩张。诺斯认为，不能把国家假设为"中立"的，实际上，任何产权的出现都是"国家统治者的欲望与交换当事人努力降低交易费用的企图彼此合作的结果，因为对交换当事人来说需花费一定的资源去影响政治决策者改变规则"（诺斯，1992）。

诺斯解释了国家对经济发展起双重作用的原因，同时也说明了国家权力对市场权力扩张所造成的不平等。诺斯认为，国家向社会或选民提供服务有两个基本的目的：一是界定形成产权结构的竞争与合作的基本规则，这些规则对每个利益集团来说并不必然是平等的，因此，它可以最大化统治者的租金，也可以在支持某些市场利益集团权力扩张的同时，阻碍另外一些市场利益集团的权力扩张；二是在"第一目的的框架中降低交易费用以使社会产出最大，只有这样才能增加国家税收，扩张国家的总体实力……在统治者和他的集团的租金最大化的所有权结构与降低交易费用和促进经济增长的有效率体制之间，存在着持久的冲突，这种基本矛盾是社会不能实现持续经济增长的根源"（诺斯，1992）。

其次，国家和市场在利益价值取向上并不完全一致，国家权力有时会为了保护社会而阻碍市场权力的自由扩张，这导致了市场权力和政治权力之间的矛盾。国家干预经济，其原因往往是多重的：出于自身追逐商业价值、追求政绩、向企业寻租的目的；出于提高经济效率、促进市场繁荣、加快经济发展的目的；出于促进社会公平、维护社会稳定的需要。这些不同的干预目的说明政治权力同时具备市场性和社会性，当政府偏向于社会性时，往往会"保护社会"，当政府偏向于"市场性"时，往往会与企业联合，增强市场权力。政府干预导致市场权力的增长，出现权力化市场，这种市场的出现或者是通过求租、寻租的方式被"生产"出来，或者是通过政治权力为市场发展扫平道路的方式被"生产"出来，但无论是哪种方式，不论是为了寻求租金，满足短期的、个别的政府公务人员的利益最大化，还是为了扩大社会生产，繁荣市场，满足长期的、整体的利益最大化，都会造成市场权力的扩张。

最后，国家不同层级、不同部门的政府之间的利益、价值取向往往是不同的。"与中央政府依靠国家强制力量合法征税获得财政收入不同，地方政府除依法执行国家征税职能外，还间接地参与市场经营，获取体制外的利益"(周飞舟，2006)，这就导致了地方政府不同层级、不同部门之间对不同市场、不同企业的支持是不一致的。例如，本书研究案例中，不同市场开发商与地方政府不同层级、不同部门之间的关系疏近程度是不一样的，开发商在做出决策时，往往会寻求支持自己的政府部门的支持。当他们发现需要发展商会的力量来拉拢经营者时，便分别向不同层级的政府递交协会成立申请书，与省、市政府关系密切的新市场开发商申请到的是"CC 市汽车配件贸易商会"，而与开发区政府联系密切的开发商申请到的是"CC 市汽车产业开发区汽车零部件企业联合会"。

"权力化市场"中，对政府部门"经济人"的假设决定了它一方面要寻求自身即利益集团的最大化扩大自己的"租金"收入，另一方面要寻求社会经济总收益的最大化扩大自己的"税收"收入。在本书研究案例中，面对"移地升级"，政府一方面想要开发利用土地的商业价值，扩大自己的收益；

另一方面想要尽力维护市场秩序的稳定性，保持市场“红火”，以保证税收等持续不断的收益和政绩需求。此外，合法化的要求决定了政府必须承担起保护社会的责任。市场权力的迅速扩张在带来经济活力的同时也会带来所谓的“市场失灵”，带来一系列严重的社会问题，如贫富分化、环境污染等，因此，政治权力要对市场的扩张进行必要的干预，以维护社会的公平与稳定。只是在不同时期，政府干预的方向和原则是不一致的。例如，在需要大力发展经济的时期，政府干预可能会以经济效率为原则，政府要抓住经济发展的主动权（曹正汉，2009）。而在社会快速市场化时期，伴随着一系列社会问题的出现，保护社会的原则开始抬头，成为对市场经济的一系列负面影响的回应。

三、市场发展中的社会权力

对于市场发展中的社会权力，可以有以下两个层面的理解：第一个层面是社会迅速市场化给其他非市场参与主体带来损失，导致普通社会成员的反感和不安全感，他们联合起来阻止市场化进程以“保护社会”。波兰尼所说的市场力量的扩张所引发的社会保护运动主要就是指这一层面。另一个层面是随着市场经济的发展而发展的市民社会中所彰显出来的社会权力，是市场参与主体不断提高自组织能力并在维护群体利益的过程中所彰显出来的权力。此种类型的社会权力主要用来应对政治权力的过分干预、应对其他市场参与主体的过分逐利，以达到市场自律的目的。这种社会权力从广义上说可以是市场权力，因为它毕竟存在于市场参与主体之中，但它与具有垄断性和扩张性的市场权力又有着本质的区别。本书中的社会权力主要就是指这种存在于经营者之间的、又与垄断性和扩张性的市场权力有着明显区别的社会权力，它是蕴含在经营者的熟悉关系和自组织之中的认同力量和一致行动的能力。面对权力化市场的情境，社会权力不仅要应对政治权力的干预，而且要应对开发商所拥有的市场权力的过分逐利。

社会权力寓于熟悉关系之中，它的增长以经营者的群体认同程度和自组织能力的提高为标志，社会权力的增长可以限制市场权力的过分逐利和政治权力的肆意干预，它是市民社会发展的表现。以往对社会权力和关系网络的关注，在西方学者那里主要体现在格兰诺维特等人的关系网络理论中。中国学者郭道晖教授从法学的角度将社会权力运用于民间社会的私权领域，指出“私权已经不是绝对的了，有些私权因为具有某种共同的关系，个性越来越少，社会性越来越多”，从而扩展了社会权力的研究空间和社会价值。他笔下的社会权力主要是指蕴含于市民社会中的权力，与本书中所定义的社会权力极为类似。这种“社会权力”即社会主体（包括各种社会群体、社会组织等）所拥有的一定的社会资源，这些资源能够对权力的相对人群构成相当的影响力和支配力（郭道晖，2009）。

经济社会学领域，以格兰诺维特为代表的网络分析方法是经济社会学研究的重大突破，涉及大量关于熟悉关系和社会权力的内容，熟悉关系中的资源和规则是社会权力的重要来源。但关系网络分析方法一方面假定关系是理性导向的，另一方面过于强调社会结构、关系网络对经济行动的影响，忽略了经济行动中不断再生产出来的熟悉关系和社会权力的作用。这也是关系网络分析方法备受诟病的重要原因。

首先，关系理性的概念掩盖了关系中的实质内容。在新经济社会学兴起之前，古典社会学家早已开始了对经济人假设的反思，并试图用社会学的方法和概念对经济现象做出更好的解释。如迪尔凯姆认为，“社会分工的意义首先是道德层面上的意义，而不是经济效率上的意义”（迪尔凯姆，2005）；帕森斯认为，“经济系统只是社会的一个子系统”（帕森斯，2003）；帕累托认为，“要对社会行动中普遍存在的非逻辑行动有充分的认识”（帕累托，2001）。在对经济理性人假设进行批判的同时，社会学家充分注重制度、文化、价值、意义、伦理、习惯、习俗等非经济因素对经济行为的影响，这些非经济因素既包括理性层面的，也包括尚未上升到理性层面的感性因素。但是，在对经济问题的研究上，社会学缺乏一套简明有力的、形式化的分析方法用以解释理性选择与社会结构约束之间的关系。随着以交易成本理论为核心的新制度经济学的兴起和经济学帝国主义的出现，社会学缺乏与经济学直接对话的能力。从这个意义上说，格兰诺维特的网络分析的最突出贡献在于：他将网络分析应用于经济领域，以一种形式嵌入的方法进行了大量的经验研究，提出经济行动嵌入于社会结构之中这一项更加接近实际的研究假设，开始了与经济学的对话。

格兰诺维特的切入点并不是质疑经济理性人假设，而是质疑经济决策是否是"孤立的和独立自主的"，他指出，"行动者尝试进行的有目的的行动是嵌入具体的、正在进行的社会关系之中的"（格兰诺维特，2007）。这里，行动者必须被假定为有目的的和能进行理性选择的，理性选择理论是格兰诺维特方法论的基础，甚至为了保持其分析的形式化和简单化，不惜忽略诸如文化、价值等难以被形式化的其他非经济因素。正因为如此，格兰诺维特的研究招致了诸多批评。如泽利泽认为，"嵌入的结构视角掩盖了市场中多种多样的价值和规范，并长期关注文化在经济生活中的影响"（Zelizer，1992）；汪和建认为，由于格兰诺维特并没有在理性选择与社会结构约束相结合的内在机理上有所突破，也就"很难使社会网络分析真正建立起新的'综合的经济社会学方法'"（汪和建，2006）。

的确，网络分析中暗含的关系理性的概念将关系简单化了，尤其是在对本土的关系网络进行研究时，更应该看到关系中的价值、伦理层面的意义。中国人对关系的偏爱已经形成一种根深蒂固的关系文化，"从社会关系中获得自己所期望的资源，在中国人看来，已有几千年历史的潜移默化，积淀成为'自然而然'的社会知识"（张宛丽，1996）。这种建立在实践基础之上的、自然而然的社会知识，既包括理性的成分，也包括未上升到理性层面的感性的因素，它渗透到中国人的思维和日常生活中，影响着社会权力的形成和作用的发挥。结合本书的研究，社会权力的现实状况是组织化、理性化程度相对较低。在本书案例中的汽车配件市场，大批经营者的经营模式仍然以个体经营和家庭经营为主，经营活动与日常生活并未完全分离，居住、生活、交易都在同一个空间里完成，经营者之间的朋友关系、亲戚关系、老乡关系、师徒关系较为常见，经营者的选择行为有些是未上升到逻辑推理和理性计算层面的感性选择。例如，经营者在是否搬迁、是否购买产权铺面、是否进某个生产厂家的配件等问题上，存在着广泛的模仿，甚至是较为严重的“跟风”。

其次，以格兰诺维特为代表的网络嵌入理论过于强调社会结构、关系网络对经济行动的影响，忽视了市场参与主体的能动性，致使其研究多从外在约束的角度而非内生过程的角度来解释关系网络与经济发展的关系，具有明显的结构论倾向。格兰诺维特在讨论经济行为嵌入社会结构的问题时，从行为动机上来说，他所坚持的是关系理性的假设，但他又必须在理性假设中加进非经济因素的结构性制约。“而一旦对实际经济问题进行分析，这种未能真正实现方法论整合的嵌入性分析，便不可避免地滑向分析的集体主义方法论了”（汪和建，2006）。尽管后来的研究者试图对网络嵌入理论进行完善，但却始终没有摆脱这一“外在约束”和“结构论”的研究倾向。如弗雷格斯坦的“政治—文化”分析（弗雷格斯坦，1996），虽然看到了权力因素对经济发展的重要性，但无论是他的“国家基石论”还是“政治过程论”（弗雷格斯坦，2008），或者过于强调外在的政治权力的干预作用，或者把企业的组织化过程看作一个竞争与合作的“政治过程”和受当地网络、文化约束的过程。这些研究都把社会权力看作一种成熟的外在约束力量，很少涉及社会权力是如何实现再生产的，而社会权力的再生产很多是深刻嵌入与市场权力的互动中的，甚至可以说，就是经济活动本身带来了社会权力的不断壮大。

国内学者对市场发展中权力问题的重视早已有之，但是，与弗雷格斯坦的“政治—文化”分析类似，这些权力分析在强调政治权力作用的同时，忽略了分散的企业主、经营者作为市场参与主体的集体选择能力，忽略了社会权力的重要性。如吴毅对一起石场纠纷案例的研究认为，石场经营者在外在权力的干预下无法成功地组织集体行动，既存的“权力—利益”结构之网阻碍了群体利益的实现（吴毅，2007）。

事实上，政治权力与市场权力结成的“权力—利益”之网并不是铁板一块，如本研究案例中的政府部门和开发商，在对待市场发展的目标和具体措施上就有着诸多不一致的地方。此种情况下，经营者可以通过策略性行动，充分利用政府部门和开发商利益集团对市场繁荣的期许和承诺，争取有利于市场繁荣的资源，加强自组织能力建设，保护区域品牌资源，获取政策支持，组织集体行动，实现群体利益。只是这些策略性行动和集体选择的过程，并非像奥尔森所说的那样具有较高的理性程度，也不像奥斯特罗姆所说的那样是在无外在权力干预的条件下进行的。经营者的初始自组织状态也可以不具备奥斯特罗姆所说的那种发达程度，但内部必须有较为稳定的熟悉群体关系，只有这样，当自治组织"被建立"起来以后，才能真正发挥组织自治的作用，提高经营者的组织能力。否则，自治组织的建立不能得到经营者的认可，所组织的活动不过是流于形式，或者只代表少数人特别是组织"牵头者"的利益。如本书案例中，CC市汽车配件贸易商会和CC市汽车产业开发区零部件商会就是在开发商的"牵头"下成立的，开发商在商会活动中有自己的利益诉求，正是由于经营者之间熟悉关系的广泛存在，才能在商会组织中不断展开与开发商的利益博弈，促使商会组织代表经营者的利益。

权力嵌入在网络关系之中，社会权力蕴含在经营者的熟悉关系之中，在经营实践和集体选择的过程中，熟悉关系得以再生产出来。这些新生出来的熟悉关系对内能够增强经营者之间的信任，促进他们之间的合作，对外具有更明确的目标——为经营者的共同利益出谋划策；同时，在与政治权力和市场权力的博弈中新生产出来的熟悉关系与政府部门和开发商的联系更为紧密，具有较强的合作博弈、选择性亲和的愿望和能力。内生的熟悉关系在经营者的集体选择中发挥着更重要的作用，社会权力通过熟悉关系的再生产得以不断再生产出来，并逐步提高自主性和行动能力。本书在集体选择的研究中同时注重熟悉关系和社会权力的研究。

第三章
CC市汽车配件市场的发展与变迁

本章集中展现了 CC 市汽车配件市场发展与变迁的历史过程，其中，两次搬迁事件是市场发展中的主要节点并具有转折意义。通过两次搬迁事件，可以发现市场发展不同阶段市场管理部门、开发商与经营者之间关系的变化以及经营者对待搬迁的态度和选择行为的变化，这些变化影响到集体选择过程的展开以及集体选择目标的实现程度。

第一节　CC 市汽车配件市场发展的经济地理优势

一、区位地理优势

CC 市地处东北腹地，是东北和东北亚地区重要的区域性交通枢纽。该市多年来一直享有科技城、汽车城的美誉，是中国汽车工业的摇篮，全国最大的汽车研发生产基地——中国 Y 汽车集团公司坐落于此。“以产业带动城市发展”是 CC 市经济发展和城市发展的基调。以 Y 汽为依托，汽车零部件制造、汽车贸易、汽车物流、汽车服务等相关行业逐步发展起来，汽车配件市场曾一度被定位为“Y 汽零部件国内集散基地”。随着“汽车后市场”时代的到来，各地汽车配件市场进一步发展、成熟，汽车配件行业的潜力逐渐得到发挥，而 CC 市汽车配件行业由于起步较早，有着相对成熟的技术支撑，产业优势和区位优势明显。

一方面，从产业优势上来说，中国 Y 汽车集团在中国汽车工业中占据特殊地位，50 多年的汽车工业发展为汽车零部件产业积蓄了丰富的发展资源，也为汽车相关产业和汽车后市场服务业创造了巨大商机；同时，为 CC 市培养了大批具有专业经验的高级市场管理人才和专业技术工人，在汽车配件行业的制造生产及销售中，人力资本的优势得到充分发挥。

另一方面，从区位优势上来说，Y 汽车集团及 Y 汽大众公司、Y 汽解放等主机厂坐落在 CC 市，带动了 300 多家汽车零部件企业的发展，构成了汽车制造企业集群，大大降低了汽车零部件加工和销售的物流成本和管理成本，为建立高水平、大批量、专业化的汽车配件市场提供了得天独厚的优势，增强了汽车零部件贸易的辐射能力。

二、宏观政策优势

政策优势是CC市汽车配件市场迅速发展的另一个原因。"产业造城"一直以来是CC市城市经济发展的基调，为了促进优势产业的发展，政府相关部门不断更新政策，服务经济，成立了专门的开发区，并促使其逐步升级。汽车贸易城、汽车经济贸易开发区、汽车产业开发区、西新经济技术开发区，随着名称的不断变更，开发区的层次越来越高，逐步从市级开发区上升到省级开发区。与此相对应，汽车贸易和零部件贸易以及相关汽车产业享受的政策支持也逐步升级，从省级开发区待遇上升到国家级开发区待遇。在政策支持下，市场竞争力进一步提升。

为了推动汽车贸易及相关服务的发展，1993年CC市汽车贸易城成立，1998年正式转制为省级开发区（汽车经济贸易开发区）。本书案例中的汽车配件市场属于汽贸城开发区的一期规划工程。汽贸城占地28万平方米，它与CC汽车中心批发市场和旧机动车交易中心两个市场一起，形成了完善的以汽车及零部件批发贸易为特色的市场体系。

> 现已经被纳入全国商品市场建设规划，是国家经贸委、中国物流与采购联合会确定的全国重点联系市场和推进流通现代化重点联系批发市场。❶
>
> （汽贸城市场管理办公室L主任，访谈编号：ZF09071101）

---

❶ 这里引用的是受访者的原话，但笔者在核实访谈内容准确性时发现，真正被中国物流与采购联合会评选为"2002年第一批推进流通现代化重点联系批发市场"的是"CC汽车中心批发市场"。在宽泛的意义上，CC汽车中心批发市场可以包括汽车配件批发市场，但严格意义上说，特别是从本研究选取案例的角度来说，两者是分离的。至于"全国重点联系市场"一说，可能由于受访者记忆的原因出现了偏误，笔者并未找到直接证据。但笔者认为，尽管存在一些说法上的偏误，并不减弱该市场发展过程中的"宏观政策优势"。

转制为省级开发区之后，在原有的 0.28 平方公里基础上至周边 9.55 平方公里的范围内，实行封闭式管理，“享有市级管理权限和部分省级管理权限，对管辖区域实行统一领导、统一规划、统一政策、统一管理”❶。2005 年 9 月 29 日，JL 省政府批准成立“CC 市汽车产业开发区”，原 CC 市汽车经济贸易开发区变为汽车产业开发区下属的建成区，更名为“CC 市汽车产业开发区汽车经济贸易园区”。汽车产业开发区是由 CC 市政府与 Y 汽集团公司合作共建的省级开发区，它是全国唯一一家以汽车产业为核心的专业开发区，也是全国首个政企共建的开发区（葛翠，2011）。之后，随着开发区的发展，经国务院批准，于 2011 年 1 月 7 日正式晋升为国家级开发区，同时更名为 CC 市西新经济技术开发区。“作为以汽车及其零配件相关产业为主导的开发区，国家也将对升级之后的西新经济技术开发区给予相关优惠政策，支持开发区发展”（陈彬，2011）。获得政策支持后的汽车整车贸易和零部件贸易可以更充分地利用政策优势，更好地发挥现有的资源优势，进一步提升自身的规模和层次。

汽贸城的兴起与繁荣正是在这一系列宏观政策背景的支持下进行的。1993 年，在政府的支持下开始规划建立“CC 市汽配一条街”，即汽贸城。1994 年“建城”成功之后，市政府又要求散落在 CC 各地的汽车配件经营业户集中到汽配一条街经营，以方便管理并形成规模效益。在市场形成初期的“清冷期”，政府出台各项政策促进市场的繁荣，并且指导建立了“商会”，架构经营者与政府部门沟通的桥梁，规范市场秩序。而在市场开始走“下坡路”之后，权力决策者又引进新的开发商，重新选址建立新的汽车配件市场，并且动员原有的经营者“移地升级”。

新汽车配件市场的建设是 CC 市政府“‘十一五’宏伟战略”的重点招商引资计划，“CC 市政府果断提出了‘大产业 + 大市场’的模式，在汽车产业开发区黄金地段规划 1200 亩土地，兴建一个具有全球影响力的汽车、汽配商

❶　见 CC 市人民政府文件《CC 市人民政府关于对汽车经济贸易开发区实行封闭管理的决定》（C 府发〔2003〕35 号）。

贸城——‘中国汽配第一城’”（滕志峰，2008）。正如弗雷格斯坦所指出的，“再怎样高估政府对于现代市场的重要性也不为过”（弗雷格斯坦，2008），CC 市汽车配件市场的发展，尤其是“移地升级”过程中，政府起了关键的推动作用。我们所要调查了解的是：政治权力是如何发挥作用的？政治权力与经营者的集体选择在利益、价值取向上是否一致？开发商的市场权力是如何介入集体选择过程的；政治权力、市场权力、社会权力三者如何相互作用？

第二节　CC 市汽车配件市场的历史变迁

本节以两次搬迁过程为主线，详细展开了汽车配件市场的出现、发展、变迁过程。其中，两次兴建经营场地的决策都是政府部门做出的，不同的是：第一次搬迁中，政府直接采取了行政命令的方式，并且大力培植汽车配件市场的发展。第二次搬迁中，政府负责招商引资、兴建场地，而在经营者的选择中起主要作用的是市场因素。政府部门没有像第一次搬迁那样采取强制措施，这为权力之间的协作提供了空间，也为集体选择目标的实现提供了可能性。

一、市场的出现与第一次搬迁

市场的出现缘于汽贸城的建设，在 20 世纪 90 年代初期，CC 市政府构想了建设“两区两城”的计划，两城之一就是汽贸城。政府想借助 Y 汽来打造 CC 市新的汽车产业。CC 市政府在 1993 年 1 月 18 日下发了《关于成立 CC 汽车贸易城管理委员会的通知》（C 编〔1993〕2 号）。该通知指出，为了加快 CC 汽车贸易城建设，依据 1992 年市委第 31 次常委会议决定，在 CC 市建设 CC 汽车贸易城领导小组领导下，设立 CC 汽车贸易管理委员会。管委会为市政府直属事业单位，其主要负责汽车贸易城的统一规划、建设工作和协调管理工作。管委会人员编制 20 人，人员经费由市财政核拨，所辖人员从市直机关干部中选调。管委会组建后，重点负责抓好规划建设和各项协调管理工作，并创造条件逐步实行企业化管理。

1993 年 5 月 31 日，CC 市人民政府出台了《〈CC 汽车贸易城建设管理暂行规定〉的通知》，进一步规范对汽贸城的建设和管理。该通知指出，汽贸城建设应贯彻以发展汽车及汽车配件交易为重点，并积极发展为汽车服务相关产业的原则，促进 CC 市经济参与国际经济大循环。该通知还对汽贸城管委会的管理机构及其职责、投资经营管理方式、税费减免与优惠政策等进行了明文规定，为企业进入汽贸城进行投资经营提供了各种便利条件。在着手建立行政管理机构的同时，CC 市政府积极对汽车贸易城进行规划和论证，积极着手汽配城的设计和建设。汽贸城的具体建设工作由 CC 市汽车贸易城开发集团股份有限公司筹资兴建的，该公司是当时的汽贸城管委会直属国有企业，现为 CC 市汽车产业开发区直属国有控股企业。1993 年 1 月 18 日，汽配一条街开工。1994 年 10 月 9 日，汽配市场主楼正式竣工。建成的市场结构呈 H 型，中间为南北走向的通道，东西两侧为商铺，上下四层，有大小 400 余间铺位（市场现状一角如图 3－1 所示）。

图 3－1　第一次搬迁之后的汽贸城

注：市场结构呈 H 型，上下四层，400 余家铺面。

图片来源：2009 年 7 月 9 日首次访谈拍摄。

当时建立汽配城的主要目的和指导思想是要把汽车后市场留给汽贸城。在进行规划设计时，CC 市政府有一个基本定位，即以汽车整车和配件交易为主，以其他产业为辅。汽配城的建立主要是依据政府的构想来设计和运作的。

市场建成以后，由政府各部门出面，对分散在CC市区各地的市场经营者及汽车配件销售企业进行强制搬迁和限期清理，促成了市场的顺利开张。第一次搬迁之后，政府又协助培育市场，亲自参与制定招商引资计划，并提出了自己的市场定位。

> 我们当时就是要搞一个以批发为主，零售为辅，近辐射东北三省，远辐射全国的市场。以Y汽为基础，做品种全、价格廉的CC市汽车配件市场，做全国汽车配件市场的集散地。
>
> （汽贸城市场管理办公室L主任，访谈编号：ZF09071101）

在这一思想的指导下，政府部门积极活动，该汽车零部件市场于1994年7月被国内贸易部（今商务部）批准为全国性市场，并纳入全国商品市场规划。

此次搬迁属于强制性的，经营者被强制限期迁移，“否则将被吊销营业执照，无法继续经营”❶。但按照政府部门的说法，搬迁的过程是没有遇到太大阻力的，理由是这次集中搬迁的目的明确，即为了建设一个具有规模效益的汽配市场，节约经营成本和管理成本。至于经营者的态度，大部分商家由于年份太久都已不在汽贸城做汽车配件的生意，调查起来比较困难，笔者只找到少量从汽贸城刚开业便开张经营一直到现在的，除了一两家抱怨搬迁之后市场管理费太高之外，其他大部分商家都认可市场的集中带来了规模效益，提高了CC汽车配件市场的知名度，推动了市场的发展壮大。

二、第一次搬迁后市场的繁荣与衰落

第一次搬迁以后，市场经历了短暂的“冷清期”，之后便逐步走向繁荣。至于市场繁荣的原因，很重要的一点是市场集中之后的规模效益，此外还包括市场的客观需求、经营者自身的努力、政府的培植等。繁荣期主要集中于

---

❶ 来自对汽贸城市场管理办公室L主任的访谈，访谈编号：ZF09071101。

20 世纪 90 年代中后期。

首先，市场形成的规模效益是显著的，CC 市汽贸城占地面积 28 万平方米，始建于 1993 年，无论是在建成时间上还是在建成规模上，这在当时全国范围内都是屈指可数的。1994 年前后，全国各地有一批汽配城开业，如：湖北省开业最早、知名度最高的武汉万国汽配城，创建于 1994 年；北京最早的汽配城当属坐落于西四环四季青桥东北角的西郊汽配城，同样始建于 1994 年，占地面积 10 万平方米；合肥汽配城于 1994 年投资兴建。而其余的几个有名的汽配城的成立时间则相对要晚一些，如：被誉为“湖南汽配第一城”的湖南三湘汽配城于 1997 年开业；北京四元桥汽配城创建于 1998 年；1999 年，湖北十堰汽配城开业。[1] 其次，20 世纪 90 年代汽车配件生产企业数量有限，配件市场的货源尚不丰富，再加上物流业相对不发达，依托 Y 汽车集团公司，CC 市汽车配件市场被誉为“Y 汽车零部件国内的集散地”。

那个时候，国内所有的围绕 Y 汽客车的配件产品都要先到 CC 市，然后再卖到别的地方。所以，CC 市起到一个集散地的功能。这个时期的特点是信息闭塞、物流不畅，谁拿到资源谁就能赚钱。

（汽车零部件企业联合会工作人员 M，访谈编号：HYXH09071203）

因此，从市场的客观需求来说，市场走向繁荣有其必然性。

对市场繁荣期有着切身体验的是广大经营者，从 20 世纪 90 年代中期开始，不断有新的经营者加入汽车配件市场。

个体户经营比较多，很多经营者本身也没多少水准，但只要肯干，就能赚钱，因为市场需求在那儿摆着呢！不像现在，竞争这么激烈。以前，有些个体户，学徒出身，在（这个市场的）店里干了

[1] 资料来源：对 CC 市汽车零部件企业联合会的访谈及档案资料——《全国汽配城汽车用品批发市场名称、地址、电话》，访谈日期：2009 年 7 月 4 日。

几年，自己就出去了，也没多少钱投资，就对个缝，客户需要什么货，谁家缺什么货，他在中间撺掇撺掇，也能赚钱。

（XWH汽配老板，访谈编号：QPC09071501）

经营者对市场繁荣的评价标准很简单：生意多，赚钱多，赚钱容易。而这种“繁荣”的景象，到了2000年以后则不复存在，市场竞争更加激烈，经营者需要付出更多的努力以求在市场中立足。

2000年以后，市场发展经过上升期逐步进入成熟期。此时，客观上说，随着物流的发达和汽配生产企业开始在国内设立自己的销售渠道，“集散地”的功能被逐步削弱，汽车配件的大规模批发逐渐和CC的汽配市场脱离关系。在访谈中笔者发现，原先的“以批发为主，零售为辅”的市场定位已经不复存在。

实际上早就没有了原来的批发集散作用，Y汽的产品现在出不来，都直接进4S店了，那里流程更规范，利润更高。现在市面上大部分是江浙产品，武汉的、长沙的、浙江过来的。90年代（面向全国的批发）还行，2000年以后不行了，这些小工厂被你打出名以后，直接就找到了你的下线，全国各地去设立代售点。所以在CC市汽配城，想做批发全国的概念早就不对了。现在我们的客户群是同行，大同行卖给小同行，大同行之间调货互补，或卖给修理厂，或4S店，或者大的单位、车队或个人，用户不外这几个，但你说卖给个人算零售呢？还是卖给修理厂算批发？现在已经没有明确的界限，卖给修理厂也是随用随拿。以前修理厂和个人都算零售，但一个修理厂拿件比你一个大的同行拿的更多，这就算批发了。

（GZ汽配经理Q先生，访谈编号：QPC09071502）

集散地的地位已不复存在，市场有走下坡之嫌，所幸的是作为汽车配件主流客户群的私家车群体很快发展了起来，汽车后市场服务的范围空前加大。“截止到2009年年底，CC地区的汽车保有量为96万辆，仅CC市汽车保有量就达到了45万多辆。2009年CC市新车上牌量为7.6万辆，比2008年增加41%”（吕游，2010）。而且，CC市汽车配件市场作为区域市场，即JL省的中心市场，其市场功能还是非常强大的，这也是市场逐步走向衰落之后，市场空间依然拥挤、经营者人数和规模持续增加的重要原因。

事实上，市场成熟期依然存在市场繁荣，只是繁荣的表象不再是“生意多、赚钱多、赚钱容易”。用汽车后市场服务的空间去弥补集散地不复存在所带来的损失，并没有证据表明市场需求下降了，相反，市场需求有所上升，这从汽车配件经营者的种类、规模、收入等各个方面都可以体现出来。只是对经营者来说，市场成熟期的生意没那么好做了，市场竞争的增加在考验经营者的智慧，而从另一个角度来看，竞争的增加正是一个市场保持繁荣的必要手段，缺乏竞争的市场往往无法持续繁荣。经历过竞争之后留存下来的那批经营者，实力、规模都有所提升，这是市场升级的必经阶段。

一个市场，并不是说经营者越多越好，没有门槛，进出随意，一个由拾荒者和对缝者组成的市场，必然不是一个健康的市场。

（汽贸城市场管理办公室工作人员W女士，访谈编号：ZF09071001）

从经营者的表现来看，尤其是从经营者的经营规模和收入来看，市场并没有马上进入衰落期，但伴随着市场成熟期的到来，市场衰落确实已经开始。那么，衰落表现在哪些方面呢？

其一，硬件环境的日益破旧。随着经营者人数和规模的增大，市场空间逐渐变得拥挤，租金日益高昂，与此同时，市场的硬件没有得到及时的维护，交通秩序混乱、路面坑洼、堵车严重、下水道堵塞、房屋漏雨等现象时有发生。例如，2010年冬季，汽贸城一处供热管道爆裂导致楼下10余家店铺被淹，商户受损严重。由于房地产开发商对基础设施维护的投入持续不足，物业管理落后，再加上汽贸城内不同市场区域由不同的开发商负责建设，物业维护职责划分不明确。如汽贸城主体楼盘由CC汽贸城开发集团股份公司负责施工，是隶属于开发区的国有企业，而紧挨汽贸城主体楼层的WD汽配商城则是在1999年由民营企业WD房地产开发集团有限责任公司建立的。不同的市场开发商在市场的基本管理方式上有所不同，在遇到基础设施、物业维护等问题时，容易相互推诿，不利于汽贸城的修复维护。

其二，企业自治组织发挥的功能有限。据汽贸城管委会工作人员介绍，CC市汽车及汽车配件商业协会早在1996年便在政府的牵头下成立了，但这一商会的会长及主要领导当时是由管委会领导兼任的，主要是作为政府传达各种政策的机构而存在。虽然商会也举办了一些活动，但最终由于未得到经营者的认同等原因，在商会秘书长2003年被调走以后商会活动停止，经营者的自治组织名存实亡。2009年重新成立的零部件企业联合会志在把经营者重新组织起来，但由于还处于起步阶段，商会在身份定位方面也面临一些问题。访谈中，该协会的秘书长如此向笔者陈述：

> 我们成立这个协会，实际上是在自救，整个汽贸城，包括房地产商、投资商，包括这个商会，我们大家是在自己救自己，就是因为现在又出现了个GL汽配城，两个汽配城现在处于竞争状态。这边现在是占有商业优势，各个商家、厂家都知道到这边还得到老汽贸城。但那边新建的，政府支持力度比较大。
>
> （汽车零部件企业联合会秘书长J，访谈编号：HYXH09071201）

这样的身份定位，更多地体现了开发商之间的利益对立，很难完全代表经营者的集体利益，组织成立之初，在经营者之间的动员能力有限。

自治组织与经营者的地位是相统一的，无论是自治组织的弱势地位决定了经营者的弱势地位，还是经营者的弱势地位决定了自治组织的弱势地位，一个清晰的事实是：处于弱势地位的自治组织和经营者缺乏与开发商博弈的资本。面对硬件设施的破败，开发商缺乏修缮的动力，经营者缺乏动员资源的能力；面对市场的过度拥挤和租金的高涨，经营者的收益受损，但他们缺乏与开发商谈判的能力，只能“人为刀俎，我为鱼肉”，2005年以后，一些位置较好的铺面，30平方米的月租金高达万元，“相对于全国其他一些二线城市的汽配市场，价格高出一倍，甚至还多”，[1] 这让很多经营者无力承受。

其三，市场秩序相对混乱。在全国汽车配件市场联合会所做的调研报告中，我们可以发现，汽配市场在环境、管控、可信度和价格透明度等方面具有明显的劣势（见表 3-1）。尤其是在民营汽车配件生产企业大规模进入汽车配件市场、产品良莠不齐的情况下，市场质量监督和秩序监控相对困难。CC 市汽车配件市场的口碑曾一度很差。在调研中，有些司机这样跟笔者描述他们对汽贸城的态度：

> 那里还是不要去，假货太多，难分真假，还是去 4S 店比较好，不然一定会后患无穷。
>
> （出租车司机 A，访谈编号：SHOY09070901）

> 如果你的车是比捷达值钱的车，请去 4S 店，这样放心，有质量保证。
>
> （出租车司机 B，访谈编号：SHOY09070902）

> 汽贸城这些年变得有些乱糟糟的，缺乏管理，里面车辆乱停乱放，商家随意堆放货品，整个汽贸城里脏乱不堪，里面的配件真假难辨，如果是爱车人士，建议还是不要为了追求价格实惠而牺牲品质。
>
> （笔者所住宾馆的服务员 A，访谈编号：SHOY09070903）

但也有另一部分消费者不以为然，访谈中，不乏有消费者说：“对这些（配）件都了解，蒙（骗）不了我，换个件，也不是大毛病，差不多就行。这个行当也不是什么高技术产品，最多算个半技术行业吧！”[2] 此外，还有更多的“回头客”坦言：“常来（这里购买）。这次坑了我，下次我还能来他家么？想不想干了啊？”[3] 由此看出，从消费者的态度来看，他们并不悲观。

---

[1] 来自对汽车零部件企业联合会秘书长 J 的访谈，访谈编号：HYXH09071201。

[2] 来自对市场顾客 A 的访谈，访谈编号 SCOY09070904。

[3] 来自对市场顾客 B 的访谈，访谈编号 SCOY09070905。

表 3-1 中国汽配市场现状及发展趋势

	环境	便捷	管控	可信度	品种全	价格		销售		维修			综述
							收费	零售	批发	快修	保养	大修	
汽配城	○	○	○	○	●	○	●	○	●	○	◐	○	环境较乱，主要优势是价格
大卖场	◐	○	●	●	●	●	●	●	◐	◐	◐	◐	主要针对私人消费群体，优势明显，但便利性较差
汽车用品连锁店	◐	●	●	●	◐	●	◐	●	○	●	●	○	主要满足消费者对便利性和规范化的需求，业务主要集中于保养、快修
维修站	○	◐	●	◐	○	◐	◐	◐	○	◐	◐	◐	主要满足对价格要求较高者，管理较差
4S 售后服务站	●	◐	●	●	○	●	○	◐	○	◐	◐	●	管理、环境最为规范，主要满足品牌汽车的质量要求，价格较高

注：优势●，劣势○，优劣参半◐。

资料来源：全国汽车配件市场联合会副秘书长乔永锋. 中国汽配市场现状及发展趋势——2006 中国汽车零部件发展趋势高层论坛［Z］. 2006.

汽车零部件企业联合会的秘书长 J 先生则这样描述汽车配件的水平高低：

现在的汽车配件，基本上有几大类：第一大类叫作 Y 汽原厂产品，就是 Y 汽有很多子公司生产的零部件，这个一般而言是通过 Y 汽品牌、Y 汽轿车售后服务体系来运营的。第二大类叫作下线件，就是在 Y 汽生产出来之后有瑕疵的产品，尽管产品有瑕疵，但是由于它采用的标准比较高，所以从功能上来讲还是超过地方产品的。第三大类叫作地方产品，就是民营资本进入以后，在 CC 市形成地方产品、地方工业，其中有一部分是为 Y 汽配套的，还有一部分是虽然不给 Y 汽配套，但是在国内市场上质量、售后服务等还是不错的，这是 CC 市汽配市场主流的产品。还有一个我不得不说，就是打着 CC 市生产的旗号，但其实主要是河北、浙江一带生产的产品，我们给它下一个定义叫低价位产品，也叫做副厂产品。

（汽车零部件企业联合会秘书长 J，访谈编号：HYXH09071201）

副厂产品价格低、利润高，自然会得到经营者的青睐，尤其是在大量民营企业进入汽车配件领域之后，它们研究市场需求，不断开发适销对路的副厂产品，货源供应源源不断，在市场经济制度尚不完善、企业质量意识有待提高的情境下，不可避免地会有人在暴利的驱使下采用制假售假这种欺诈行为。假冒伪劣产品的盛行将十分不利于市场的持续繁荣。

总之，分析汽贸城配件市场衰落的原因，可以分为三大类，即经营场地的原因、经营者本身的原因和政府监管的原因。首先，从经营场地的原因来看，主要有以下几方面："集散中心"地位的丧失和硬件配套设施的维护不当、市场规模相对较小、拥挤不堪、租金过高等。其次，从经营者本身的原因来看，虽然主流经营者的收益和规模并未出现衰落，但在经营秩序上还是存在一些问题，主要包括：经营者层次规模大小不一、产品质量良莠不齐、价格透明度较差。虽然政府部门有质量监督的权力和行动，但落实起来相对困难，受监督成本所限，无法对其进行长时间的持续性监督，再加上民营资本大量涌入汽车配件生产行业之后，对副厂产品质量的评价相对困难，不能一刀切为"假冒"或"伪劣"，这就加大了监督的难度。最后，从政府监管的原因来看，政府主要监管部门的监管措施相对保守和传统，面对市场经营中的假冒伪劣问题，虽然采取了一些管理措施，但大都局限于突然袭击、偶尔监管，尚未形成制度化、常规化的管理方式；经营者在这些管理中大都处于被管理者的角色，甚至逃避监管，监管成效自然不理想。

虽然该配件市场开始走向衰落，但是汽车配件市场的优势因素，如品种齐全、价格低廉等不断地吸引着消费者前来，使得该市场在衰落中可以持续运营。

三、新城的建设与"市""场"的分离

纵然市场衰落的原因是多方面的，"移地升级"的理念还是很快传播开来。首先是政府部门认为应该扩大市场规模以减少拥挤，重新建造市场以应对现有市场的破败陈旧；其次是开发商的积极加盟。政府和开发商共同出力

打造更大规模的汽车配件市场，于是便有了下面的报道：

> CC 市汽车产业开发区提供全方位重点服务，CC 市将"中国 BF 汽车贸易城"列为"十一五"规划重点项目，GL 集团则果断推迟原定的青岛、成都、太原三个汽配连锁中心的建设，重资打造"GL·中国 BF 汽车贸易城"。从双方相识到签约，人员到位、资金到位、土地挂牌、方案准备，直至项目开工，只用了 180 天，创新了 CC 市"新速度"。
>
> （徐微，马书侨，2006）

事实上，不只是 CC 市汽贸城，其他地区各类商品市场、小商品市场的整体搬迁近年来也屡见不鲜。与如火如荼的普通商品住宅房地产市场相媲美的是商用房产的兴盛，分门别类的商业楼盘竞相亮相，市场集体搬迁此起彼伏，成为房地产业中一道亮丽的风景线。如苏州钱万里桥小商品市场的集体迁移、昆明螺蛳湾小商品市场的集体迁移、成都莲花池小商品市场的集体搬迁。这些楼盘的建设都离不开政府政策的支持，从城市治理的角度来说，市场的整体搬迁与"促进市场繁荣、优化市场秩序、美化城市环境"的主题形影相随，是在"移地升级"的名义下进行的。但是，这些市场的搬迁，既有成功的例子，也有失败的例子，其中有些集体搬迁进行得相对顺利，另外一些则遇到了各种各样的阻挠。例如，昆明螺蛳湾小商品市场的移地升级过程中就出现过由于经营者的阻挠而爆发的群体性事件，给市场秩序乃至社会秩序的运行带来了冲击。

那么，市场的拥挤以及市场的衰落是否必须用"移地"的方式才能解决？用"移地"的方式能否完成升级？"移地"除了促进市场繁荣之外，是否还蕴含着开发商投资的需求？经营者对这些"移地升级"事件的反应如何？其中的矛盾和冲突又对市场秩序带来了何种影响？本研究将以 CC 汽车配件市场"移地升级"的过程为主要线索对这些问题进行探讨。

对于市场开发商来讲，"移地升级"的诱惑首先来自城市土地的商业价值。新市场一期投资 15 亿元，建筑面积 40 万平方米，主体包括大车交易区、小车交易区、汽车用品区、汽车装潢美容区、工程机械配件区、汽车快修区，其目标是“形成一站式采购基地和现代化物流中心”（调研资料：GL · 中国 BF 汽贸城宣传资料）。其中，以汽车配件为主营业务的铺面大约 4000 余家，分布在不同的功能分区，是目前汽配城及其周边所有商铺规模的 4 ~ 5 倍。其市场结构及功能分区如图 3 －2 和表 3 －2 所示。

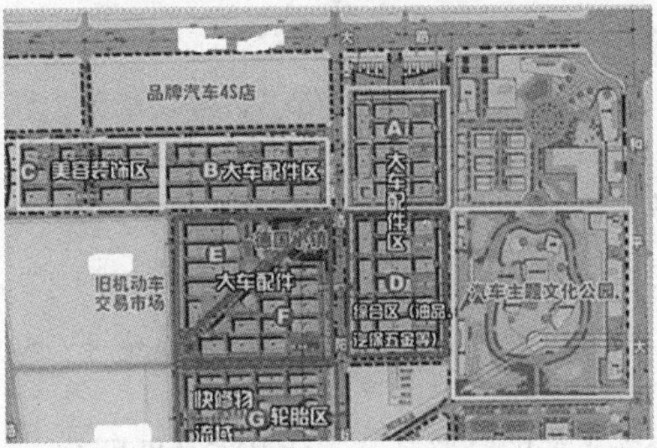

图 3 －2　新市场结构功能分布

表 3 －2　新市场功能分区及主营业务

大车汽配交易区	各种大车零部件、发动机配件、转向配件、横向件、车身附件、行走配件、电器仪表、制动配件、油品等
小车汽配交易区	各种小车零部件、发动机配件、转向配件、横向件、车身附件、行走配件、电器仪表、制动配件、油品等
汽车快修服务区	各种大小车维修、零配件更换等
汽车装饰装潢区	各种大小车美容、装潢、翻新、汽保工具等
轮胎大世界	各种大小轮胎、轮毂、转动配件、轴承等
物流运输区	仓储、货运、物流配送、邮政快递等
“德国小镇”商务中心区	银行、餐饮、美容娱乐、连锁超市、康体健身、综合商务等

在稳定房价系列政策措施的宏观背景下，不乏有投资者把商用房地产的投资和出租当作一块奶酪，这增加了商用房产的市场需求。虽然“移地升级”

是一个全方位的过程，但开发商首先考虑的是“升其面积”。“升其面积”对开发商来说有个立竿见影的好处就是能够出售产权铺面，赚取房地产利润，新汽车配件市场的产权铺面在2007年开始出售时的均价为7000元/平方米，即便很多购房者认为这个价格偏高，但铺面还是很快被抢购一空，很多投资者认为：

> 门市房本来就是要比住宅房价格高些，买铺子值。再怎么不增值，将来租出去，就算留个养老钱了。
>
> （市场投资者A，访谈编号：SCOY09071901）

> 汽配市场这几年多火啊，投资这个，准值。再说这是省里支持的项目，肯定火，现在不买，将来后悔。
>
> （市场投资者B，访谈编号：SCOY09071902）

正是房地产投资市场的一路高歌，让开发商跃跃欲试。但相对于现有市场规模，如此大规模的新市场让经营者有些犯愁，甚至有些不知所措，他们担心搬迁之后会“打散”现有的集中效应以及出现一些其他的问题。

对于经营者来说，在市场拥挤、租金居高不下的状况下，他们是支持“移地升级”的，因为，拥有一个新的规模更大的市场，无论是在硬件设施上还是在拥挤程度上，其经营环境都会有改善的希望，而且，此时的“支持”不但不需要他们付出任何成本，还会增加他们投资的机会。早期汽车配件市场的经营者大都是租赁经营的，拥有产权的占少数，例如，本研究案例中的汽贸城产权铺面，“出售的部分大约只占1/3，其中还包括开发商给其欠债公司抵债的，其余仍归开发商所有”，[1] 而且这1/3被出售的产权铺面，用来自营的部分就更少了。而随着租金的节节攀升，很多有经济实力的经营者开始想实现拥有产权铺面的梦想。

---

[1] 资料来源：汽贸城管理委员会办公室L主任访谈，至于具体数据，开发商以商业机密为由未予透露，访谈日期：2009年7月11日。

除非是没钱，有钱谁不想买铺子啊！

（汽贸城经营者 A，访谈编号：SCOY09071401）

现在买商品房的都发了，何况是产权铺面呢，买了肯定没错。

（汽贸城经营者 B，访谈编号：SCOY09071402）

别的投资咱也不会，买套房吧！买个铺子自己干着这行还能用得上，不然就白白把租金给别人了。就是哪天不干了，也可以把铺子租出去，赚个养老钱。

（汽贸城经营者 C，访谈编号：SCOY09071403）

但是，当“移地升级”真的到来，经营者要考虑的现实问题便随之而来。如果搬迁，那么，经营者是否面临着重新洗牌，一些黄金地段的铺面能否保持其地段优势？谁为搬迁的成本买单？搬迁后新市场的人气、品牌资源等是否会受损？新市场开发商能否管理好市场？甚至新市场能否成功运营起来？如果不搬迁，在新市场刚刚购买的产权铺面还能否保值增值？这些关系到经营者切身利益的问题有些是近在眼前的，有些则需要时间的检验。这些现实问题的出现增加了经营者的选择难度，经营者内部开始冲突和分化，当初积极在新市场购买产权铺面准备“喜迎搬迁”的热情也不复存在，在是否搬迁及如何搬迁，以及如何才能实现市场升级的问题上，经营者逐渐有了自己的看法，而不是继续单纯地跟随在新市场开发商和政府部门的后面欢迎“移地升级”。

新市场规模的骤然扩大不可避免地造成短期内铺面利用不足，再加上购买产权铺面者众，入驻经营者少，市场人气严重不足。尽管作为开发商的 GL 集团加大宣传，列出了传统汽配市场的十大顽疾、GL · 中国 BF 汽贸城的十大优势（如表 3 – 3 所示），做出了“两年免房租，物业费减半”“两年免税”（免税政策是开发商为了向广大经营者招商而打出的口号，事实上，政府并无此承诺，开发商本身也无权做出免税承诺）、“开业返押金，不开业罚款”等招商措施，但市场冷清的局面依然没有被打破。

表3-3 新、旧市场优劣对比——GL·中国BF汽贸城宣传资料

对比内容	旧汽配市场的十大弊端	新汽配市场的十大优势
建筑形象	建筑老化，空间狭小，光线黑暗	省级重点项目，政府形象工程，现代建筑空间，明亮宽敞
规划	规划落后，布局杂乱，指示不清	国际先进的"BLOCK"合院街区，六米高双首层创新设计，超前50年不落后
管理	管理混乱，一盘散沙，脏乱差堵散，各自为政	统一规划，统一招商，统一开业，统一管理，统一推广，确保良性运营
产权模式	产权分散，无法集中管理和统一推广，整体竞争力差	产权集中，近70%为经营性购买，强强联合，做大市场
规模	规模普遍较小，呈分散型布局，后续发展差	50万平方米宏大规模，中国汽配第一城，集约化经营，一站式采购
经营成本	成本高企，利润摊薄，租金成本不稳定，赋税成本高	政府大力扶持，发展前景铁定有保障
信息化平台	单一的传统经营模式，信息封闭，软件不足，无法适应时代需要	应用电子商务，建立信息高速通道，实现"在店门口接全球汽配订单"
消防安保	消防设施落后，火灾隐患大，商户生命安全和财产难以得到保障	新型市场，尤其是政府重点项目，消防规格高，智能化安防与人防并重，确保安全无忧
物流渠道	全部依靠外有物流体系，渠道不畅，成本高，流通慢	自由庞大的物流配套市场，紧邻CC市未来火车西站，物流畅通

新市场开业后面临着与市场形成之时同样的清冷境遇，"移地升级""集体搬迁"此时没了动向，剩下的只是经营者的两难选择：搬，还是不搬？与第一次搬迁之时"有场无市"的境遇相同，但这次的冷清局面却缺乏一个强有力的行动主体去打破。"整体迁移""无缝化链接"，这些在市场建设时期频频出现在报纸和广告中的词汇霎时间失去了光芒，搬迁缺乏一个统一的组织者，没有谁能够保障搬迁后的利益，更没有谁能承担由搬迁所带来的损失以及搬迁的成本。

已经在新汽配市场开业的经营者，不管是新进入汽配行业的经营者还是从旧市场搬迁过去的经营者，都在抱怨新市场没有人气，一家新入行的经营者向笔者抱怨：

这样下去怎么行呢？之前说要把老汽贸城的经营者搬迁过来的，现在人家不动，我这里没客户，这样下去不就靠死了么？

（GL·中国 BF 汽贸城经营者 A，访谈编号：GLBF09072201）

而有些老汽配市场搬过来的经营者，由于已经建立了相对稳定的客户群体，则表现得相对乐观：

就是少了散户，没人啊这里。批发基本没变，反正我们是下去跑市场，然后电话联系，跑市场这个东西靠自己，关在家里还想让生意自己找上门来是不可能的，要靠自己。

（GL·中国 BF 汽贸城经营者 B，访谈编号：GLBF09072202）

而旧市场的经营者一方面担心自己在新市场的投资“贬值”，另一方面担心目前的经营状况受开发商利益之争而出现不稳定，影响收益。只有那些没有在新市场买产权铺面的经营者相对庆幸：在竞争压力下，老汽配市场的房租直线下降，在有些位置稍嫌偏僻的地方，“一年房租也就 3 万元左右，好一些的 6 万元到 7 万元，这比之前的房租降了 40% ~50%”，[1] 这大大减少了营业成本。但房租的降低是建立在 GL 汽配市场“存在”基础之上的，这一点在经营者那里已经达成共识：

如果 GL 黄了，这边的房租还会涨上去，而且，从硬件设施上来看，新市场也的确占优势。

（汽贸城经营者 D，访谈编号：QPC09071504）

新市场的环境优于老市场。老市场已经属于过去了。

（汽贸城经营者 E，访谈编号：QPC09071505）

---

[1] 来自对辉腾汽配老板的访谈，访谈编号：QPC09071503。

经营者要选择一个硬件水平和管理水平更高的经营场所，同时还要求市场人气充足，有良好的品牌资源和规模效益，但是目前来看，新、旧两个市场各有优缺点。"市""场"分离的问题困扰着经营者，是否要搬迁、怎样搬迁、怎样才能促进市场的持续繁荣，是经营者最为关心的议题。

第四章
市场早期的权力协作不足及影响

权力协作不足状况主要是指政治权力、市场权力没有充分展开与经营者的社会权力之间的协作，致使市场建设偏离经营者集体选择的目标。经营者集体选择的目标是促进市场的繁荣与兴盛，最初促进这一目标实施的是政府部门，政治权力主导了CC汽贸城的建设，并采取了一系列措施扶植市场的兴盛；开发商利益集团所产生的影响随着房地产业的兴盛而逐步加强，随着市场上升期的到来，积极参与市场的建设；社会权力在日常经营中被不断生产出来。但总体来看，在市场早期，政治权力、市场权力和社会权力之间协作不足，社会权力发挥的作用有限，市场建设和市场管理的目标并非总是朝着市场繁荣的目标前进。

第一节　市场形成期的权力不充分协作

政治权力主导了市场的形成，由作为政府派出机构的“汽贸城管理委员会”负责建立统一的市场并强制经营者限期迁入经营；市场开发商为管委会直属的汽贸城开发集团有限公司，无论是在市场的建设还是管理上，市场权力都缺乏独立性。市场形成之前，经营者相对分散，缺少联系，缺乏认同感和一致行动的能力，因此，市场形成之时社会权力无法发挥作用，市场发展的动力几乎全部来自行政权力，甚至，社会权力的核心场域——汽车零部件联合会也被政治权力和市场权力侵蚀。

一、市场形成期的政治权力状况

市场从无到有的创建过程中，政治权力的干预起了决定性的作用，政府是市场形成的推动者、策划者和主导力量，甚至可以说，没有政府的介入，就没有汽配市场的最终形成，正是在这个意义上，汽贸城管理委员会的工作人员向笔者这样描述：

> 汽配一条街是政府的孩子……CC 汽车配件市场是全国唯一由政府统一规划、统一经营、统一管理的市场，如果把市场比喻为一个舞台，那么政府就是该舞台的搭建者。
>
> （汽贸城市场管理办公室工作人员 W 女士，访谈编号：ZF09071001）

1993 年 1 月 18 日，CC 市政府下发了《关于成立 CC 汽车贸易城管理委员会的通知》（C 编〔1993〕2 号）。该通知指出，为了加快 CC 汽车贸易城建设，依据 1992 年市委第三十一次常委会议决定，在 CC 市建设 CC 汽车贸易城领导小组领导下，设立 CC 汽车贸易城管理委员会。管委会的性质属于政府的派出机构，其工作人员纳入事业编制，为政府直属事业单位。其主要职责是：负责汽车贸易城的统一规划、建设工作和协调管理工作，并成立开发区投资有限公司，创造条件逐步实行企业化管理。1993 年 5 月 31 日，CC 市人民政府又出台了《CC 汽车贸易城建设管理暂行规定》（C 府发〔1993〕82 号），明晰了产权和责任，进一步规范对汽贸城的建设和管理。如该规定第十条指出，汽贸城内的投资项目、产权归投资者所有。第十二条指出，汽贸城内的土地实行有偿使用制度，土地出让金和收益除上交国家部分及支付有关部门业务管理费用外，全部留给管委会，用于汽贸城建设。第二十二条规定，管委会对汽贸城内企业可收取适当的管理费，具体收费标准由管委会会同物价部门确定。第二十六条规定，汽贸城内企业经营期在十年以上的，从开始经营之日起，三年内免交所得税，第四年至第六年按 15% 的税率减半征收所得税。

汽贸城建设的一期工程——汽配一条街就是在这样的大环境下，于 1993 年初开工并于 1994 年投入运营的。政府建立汽配一条街的主要目的和指导思想是，集中利用汽配资源，形成规模效益，依托 Y 汽，巩固 CC 汽车零部件集散中心的地位。1994 年 4 月市场建成以后，同样是由政府各部门出面，对分散在CC市区各地的市场经营者及汽车配件销售企业进行强制搬迁和限期清理，使市场于1994年10月9日顺利开张。

> 这个市场的兴盛离不开市政府的高度重视和大力支持。市场建成以后，为了繁荣市场，CC市政府出面，首先引进了第一批进驻商户30多家，这些企业包括Y汽集团四环公司、Y汽劳动服务公司、JL省汽车配件总公司和CC市汽车配件总公司等零部件企业，并且给这些企业提供了各种优惠政策。这就从整体上带动了一大批个人的加入。后来政府相关部门又联合起草通告，动用市公安部门、工商部门、税务部门、基础建设部门等的力量，联合进行清理，把CC市汽车配件相关的零散企业和经销商全部整合进来，包括西安大路、民航路、东大桥等地的经营户。一时间，在这里排队买房和租房的人多了起来，汽贸城就繁荣起来了。
>
> （汽贸城市场管理办公室工作人员W女士，访谈编号：ZF09071001）

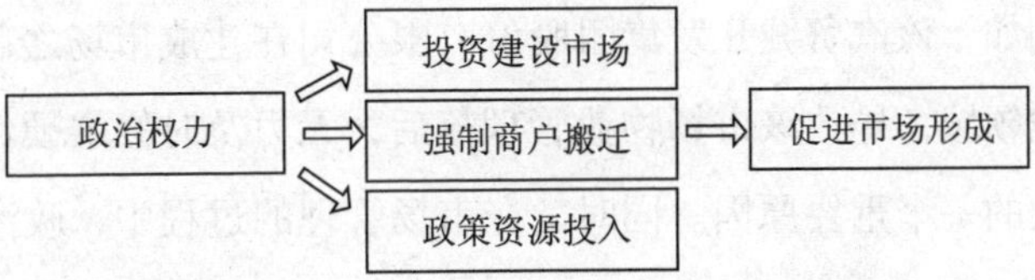

图4-1　市场形成期政治权力的作用

这次搬迁，可以说是强制性的，尤其是对零散企业和经营者而言。但是，此次强制搬迁在经营者那里并没有遭遇太大阻力，除了汽配一条街确具规模效益之外，其他经营者相对分散，联系较少，缺乏认同感和一致行动的能力是一个重要原因。

而此时的市场开发商——隶属于开发区的投资有限公司虽然承建了市场楼盘，但它的行为以管委会的意志为转移，是管委会下属的国有投资公司，它的主要任务是满足汽贸城管委会管理、建设汽贸城的规划，本身并没有对市场运营的独立诉求，因而也就不具备独立开发商的市场权力。汽配城的建立主要是依据政府的构想来设计和运作的。

因此，市场形成期的市场权力和社会权力都是"缺席"的，市场的投资、建设是政府部门的独角戏。在这一情境下，一方面，政治权力的干预有着明确的目标：促进市场的繁荣，为开发区创造政绩和经济收益。管委会在性质上属于政府的派出机构，其活动经费一部分来自财政拨款，另一部分来自开发区内部的经济收益。广泛招商引资、大力发展经济，是开发区管委会存在的主要目的和合法性依据。另一方面，缺乏市场因素的介入和经营者的参与，为后期的市场衰落埋下隐患。

总而言之，政治权力是市场形成期的主要推动力。为了建好市场，汽贸城管委会一方面以政治权力特有的方式调动资源，促进经济发展，例如，在政府部门的积极争取下，该汽车零部件市场于 1994 年 7 月被国内贸易部（今商务部）批准为全国性市场（〔1994〕内贸函字第 783 号），并纳入全国商品市场规划，这事实上是在为汽配城争取区域品牌资源。另一方面，由于它缺乏跟市场权力和社会权力的协作，在实现目标的具体策略选择上难免会缺乏活力，导致效率低下。例如，该汽贸城开发集团股份有限公司在建成市场之后，便把主要精力投入其他领域，导致该市场物业管理落后，无力及时修缮硬件设施，这是造成市场衰败的一个重要原因。同时，在市场管理的过程中，政治权力缺乏与社会权力的协作，没有真正从经营者的需求出发促进市场繁荣，在整顿市场秩序的过程中，只是简单地打击假冒伪劣产品，所收到的成效并不显著，促进市场繁荣的过程中所提出的一些优惠措施也无法惠及所有经营者。

二、市场形成期的市场权力状况

市场形成期的市场权力是为了满足开发管理汽贸城的目的而成立的"CC汽贸城开发集团股份有限公司"，隶属于开发区管委会，其经费来源于财政拨款和向社会发行原始股所得资金。在市场建成以后，该公司便将主要精力转移到其他业务方面。目前该公司的业务已经发展为"主营汽车、小轿车、汽车配件、建材、木材、钢材、煤炭、五金、日杂、粮油、房屋租赁、本企业自身开发的房屋销售、自营和代理内销商品范围内商品的进出口业务、经营对销贸易和转口贸易。兼营机电产品、电子产品、土畜产品、精密仪器、光学仪器、家用电器、服装、纺织品。进出口经营范围包括粮油食品、土畜产品、五金、化工、运输工具、机电产品等”❶。对市场的经营管理成了公司业务中微乎其微的一部分，相比专业的市场开发商，不论是在市场服务还是在物业管理方面，公司都无法满足经营者的需求。

在之后的经营管理中，围绕硬件环境、物业管理等问题，开发商及其物业公司与经营者发生诸多矛盾，这些由市场开发商的性质决定的矛盾贯穿于汽车配件市场的整个发展过程中，在开发商“转制”之后，市场硬件设施的维护更加困难，这对集体选择目标的最终实现是极为不利的。可以说，市场形成时期，由市场权力的性质所决定的市场硬件设施管理上的不足，制约着整个市场的发展，也就制约着整个集体选择目标的实现。

CC汽车贸易城开发集团股份有限公司原为国有企业，2007年5月底成功引入战略合作伙伴JL省天元房地产开发有限公司，实现国有企业转制。转制之后，“实现了优化股本结构，资源整合配置，为公司可持续发展带来了新的活力和空间。2008年股份公司又完成对Y汽直销公司的并购，控股Y汽直销公司80%的股份，成功跻身汽车销售领域”（资料来源：CC汽车贸易城开发集团股份有限公司内部资料）。

一边是充满活力的开发商，另一边却是日渐破败的汽配市场。

> 这个市场有些年头了，现在很多设施已经陈旧，但没人修理，不晓得哪里出故障就会出现断水断电、下水道堵塞等问题，一楼那边的几家店铺，前段时间线路出了问题，一断电就是十多天，店里的老板很恼火，但也没有办法，还得求别人来修、来检查。
>
> （汽贸城经营者D，访谈编号：QPC09071504）

❶ 永不落幕的汽博会——长春汽车贸易城开发集团股份有限公司［J］. 吉林政报，2005（15）.

而《新文化报》2010年12月18日的报道如下：

> 2010年12月16日，CC汽贸城ZY街84栋317室的供热管道爆裂，热水“哗哗”地从爆裂处向外喷出并渗透到楼下，导致楼下10余家店铺被淹，损失至少在50万元以上，而317室正是汽贸城管委会的一间办公室。针对此事，受损经营者联系了热力公司，其工作人员表示：室内的供热管道不归供热公司负责，而且这里的供热管道还经过私自改造，存在严重缺陷。物业公司工作人员认为供热管道不归他们管，而汽贸城管委会的工作人员没有说不管，但也没有谈及赔偿的事。此事最后也没有拿出明确的解决办法。

类似的故障在汽贸城时有发生，经营者的利益得不到保障。在多数经营者看来，开发商经营汽贸城除了“坐地收钱”，几无贡献。几年来，租金价格翻倍增长，特别是2005年以后，市场日益拥挤，“黄金地段”的铺面很难租到。

> 像我们一楼的铺面，尤其那些打头的，位置好，交通便利，30平方米左右，一年的租金怎么也要十多万元。
>
> （汽贸城经营者E，访谈编号：QPC09071505）

而据市场管理办公室的工作人员介绍，市场刚建好时，“租金特别便宜，每年也就几千元”[1]。

集体选择目标的实现离不开社会权力的作用，一个设施陈旧、道路拥堵、市场拥挤、环境破败的市场是无法持续发展的。而此时的社会权力一方面实力仍然不够强大，经营者之间的关系以竞争为主，横向的联合与合作较少，缺乏与市场权力进行博弈的条件和资本；另一方面是市场处于上升期，市场规模效益和品牌效益已经初步形成，经营者除了在此经营之外别无选择，换句话说，市场权力缺乏与经营者合作的意愿。

---

[1] 来自对汽贸城市场管理办公室L主任的访谈，访谈编号：ZF09071101。

表4－1　市场发展不同阶段开发商的市场权力及其特征

时期	身份，所有制	特征
市场形成期	国有企业，政府投资	经营领域复杂，对汽配行业不专业；市场管理、物业管理理念落后，无法满足经营者需求
市场上升期	国企改制，引入民营房地产商，原址扩建市场	市场竞争意识初显；对汽配行业不专业；市场拥挤、租金上涨，缺乏进行规范市场管理和物业管理的动力
市场衰落期	引入民营、专业汽配市场开发商，新址新建市场	专业的汽配行业地产商，管理规范；“市”“场”分离，缺乏人气；过度追求地产利润和大规模市场

三、市场形成期的社会权力状况

在市场从无到有形成的过程中，由于采取的是强制搬迁的政策，对经营者的权力和利益重视不足。另外，社会权力蕴含于熟悉关系之中，其作用的发挥首先依赖于经营者对群体利益和合作关系的认同。

在当时强制搬迁的背景下，经营者比较分散，除了对规模化市场有共同的期许之外，并无合作共建市场秩序的共识。这首先是因为在汽车配件市场的形成时期，货源相对单一，竞争力的提升很大程度上依靠对“货源”的把握，经营者对货源的垄断可以保持其所经营的产品的差异性，这就赋予了经营者市场竞争中的有利地位。把握甚至垄断货源，作为竞争的主要方式之一，在市场发展的任何阶段都存在，但在市场发展的不同阶段，它的地位是不一样的。一般在卖方市场阶段，垄断货源能够给经营者带来丰厚的收益，而在买方市场阶段，供给大于需求，货源供应充足，垄断的难度加大，垄断在市场竞争中的作用也将逐渐降低。

20世纪90年代初，市场经济刚刚起步，经营者所主营的产品大都是Y汽生产的或为Y汽配套生产的标准厂商的配件，生产厂家有限，市场竞争不足，这时候对货源的把握往往需要靠“非市场关系”，比如，与配件生产厂家的私人关系。而作为上线的生产商或批发商，也倾向于利用“非市场关系”发展自己的亲属或自己所偏好的“代理人”经营。拥有这些“非市场关系”的经营者可以优先把握货源，并以较为低廉的价格占取竞争优势。因此，经营者之间的竞争多是排他性的，合作基础不足。

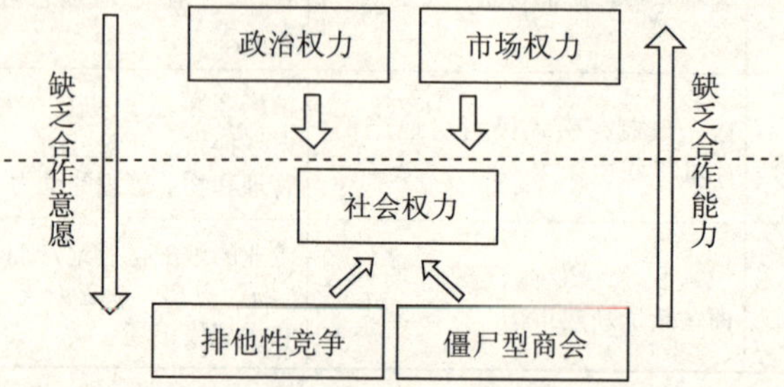

图4-2　市场形成期的社会权力及其特征

社会权力要发挥更大作用还要依赖自治组织的力量，否则，经营者的利益诉求缺乏组织化的表达途径。在这方面，各种类型的行业协会、商会是社会权力发挥作用的重要阵地。该汽配市场在1996年形成之初便成立了CC汽车零部件商业协会，这是一个由政府牵头、帮助经营者成立的商会。

> 会长临时由汽贸城管委会一把手担任，我当时在市场综合管理办公室工作，由我来担任秘书长。建会以后组织了不少工作，主要就是上传下达、把市场的管理工作做好，帮助经营者度过迷茫期。比如，我们制定了市场的管理规范，通过商会明确传达给经营者。商会的另一项重要工作就是对业户进行培训，当时我们每年都要搞两到三次的培训，主要就是邀请政府相关部门来对经营者进行培训，比如工商法律法规、交易合同中的注意事项、产品质量法等。有些零部件，大约有三十六种，是属于安全件，这些零件丝毫不能有质量问题，这涉及生命安全问题，必须要告诉业户哪些该做哪些不该做。此外，商会还处理经营者与消费者的纠纷等问题。
>
> （汽贸城市场管理办公室L主任，访谈编号：ZF09071101）

但是，这个商会并没有得到经营者的认可。调查中，绝大多数经营者表示，“只听说最近成立了一个商会，没有听说在这之前还有一个商会”；而少数知道此商会的经营者也表示“不清楚状况”或者“记不清了”。事实上，在中国商会发展的历史上，也的确有许多商会是无法给经营者留下深刻印象的。访谈中，市场管理办公室L主任也坦言：

> 在我2003年被调走以后，商会秘书长没人接任，商会也就名存实亡了，没有人再继续开展活动。
>
> 第一，经营者都不是有规模的业户，本身对商会不重视；第二，在我走之后，没有人愿意组织活动了，没有活动，商会也就死了。
>
> （汽贸城市场管理办公室L主任，访谈编号：ZF09071101）

第二节　市场上升期的权力不充分协作

在市场上升期，政治权力的作用主要表现在两个方面：一是招商引资，继续扩大市场规模；二是进行市场管理，维护市场秩序。在这两方面的活动中，政府部门开始与开发商、经营者展开协作，但协作的效率，尤其是与经营者之间的协作成效有待提高。

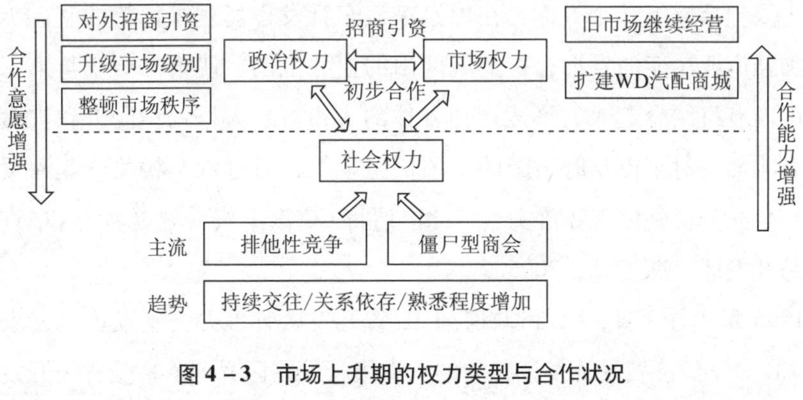

图4－3　市场上升期的权力类型与合作状况

一、市场上升期的政治权力状况

随着经济的发展，汽贸城的营业空间日渐不足，急需扩大市场范围来应对拥挤，而此时的汽贸城投资股份有限公司业务范围急剧扩展，已不再拘泥于小规模的市场扩张和建设。作为政府的管委会也更加倾向于对外招商引资而不是亲力亲为、拨出财政专款来建设汽配城。于是，政治权力开始了与市场权力的初步联合。

在此期间，汽贸城管委会经历了身份升级，在对外招商引资方面更具优势。1996 年 1 月 8 日，CC 汽车贸易城管理委员会向 CC 市政府提出请示，要求将贸易城改名为开发区，以利于今后的发展。请示中指出，贸易城管委会自成立以来，汽贸城内的贸易区建设已初具规模，相应的基础设施配套工程也已投入使用，汽车配件市场、机动车交易市场、汽车自选市场等已经落成开业并已经发展成全国规模、容量最大的汽车及汽车配件专业市场之一。CC 汽贸城提出更名的原因：一是汽贸城给人造成许多错觉，不便开展相应的工作；二是以“城”称之造成管委会建制与“城”不相协调，内部机构设置也不尽合理；三是由于“城”之所限，产业结构比较单一，发展潜力局限性很大，致使建设项目招商及市场入市招商工作进展不大，影响了城区内的整体功能及效益的发挥。因此，把 CC 汽车贸易城更名为开发区对今后发展更为有利，主要包括以下几个方面：在国家级汽车批发市场规模优势的基础上，进一步加强产业功能的发挥；扩大城区内的业务范围，使第二产业与第三产业在城区内有机结合起来，形成产销一体的大市场、大格局；促进和扩大招商引资影响面，对于市政府给予的各项优惠政策，通过汽车相关产业和贸易的有机结合充分得到体现和落实。特此申请将 CC 汽车贸易城更名为 CC 汽车经济贸易开发区（张宏伟，2006）。

1996 年 7 月 2 日，CC 市政府向 JL 省开发区管理办公室发函，要求批准设立 CC 汽车经济贸易开发区，并纳入省级开发园区系列，享受省级开发区有关政策❶。该函于 1996 年 7 月 17 日得到 JL 省政府开发区管理办公室的批复。管委会地位的提高使得管委会有更大的权限提供优惠政策，更有利于对外招商引资。

一个开发区的发展，只依赖管委会名下的“汽贸城投资股份有限公司”来进行基础设施、楼盘建设是远远不够的，政府需要招商引资，尤其是吸引民营企业的资金以加快经济发展，增加市场活力，不断扩大市场规模。WD 汽配商城就是在管委会的招商引资政策中建立的，它的出现暂时缓解了汽车配件市场的拥挤状况，推动了市场的进一步发展。

政治权力作用的另一个方面主要体现在对市场的管理上，其协作的对象主要是经营者。“品种全、价格低”是汽车配件市场受欢迎的一个主要原因，再加上“副厂件”的大量涌入，经营者为了追求利润而降低对产品的要求，该市场曾一度出现了假冒伪劣产品泛滥、市场秩序混乱的现象。但是，对市场秩序的整顿是一项极其艰巨的任务。

首先，是因为对产品质量的划分难以有严格的标准：

> 很多副厂件，质量可能确实不如原厂件，但价格低，消费者也愿意要。
>
> （汽贸城经营者 D，访谈编号：QPC09071504）

> 你可以说我质量低，但你不能说我是假冒，也不能说我是伪劣，这个东西一分钱一分货，我也是从正规的厂家进货的，不行你把厂家端了啊！来我这里说这个产品不合格，罚我款，这不合理啊。
>
> （汽贸城经营者 E，访谈编号：QPC09071505）

其次，在汽贸城既有的经营状态下，如果只卖高质量的配件，对经营者来说可能面临生存困境：

---

❶ 见《关于设立长春汽车经济贸易开发区的函》（C 府函〔1996〕35 号）。

汽贸城就是汽贸城，它跟4S店不同，买件的人也知道，他们就是认为4S店价格太高才来我这里买配件的，让我也去进原厂件，那就没有优势了啊……"副厂件"利润高，我不卖，别人也卖，就看怎么个卖法，要对得起自己的良心，跟买件的人讲清楚，别以次充好……我认为，店里最好的产品搭配是三三制，原厂件要有，但最多只能占1/3，就是那些打着只经营原厂件牌子的业户，他也只能这么干，不然他没法维持生存；然后呢，就是卖"副厂件"，就是那些有名气的大厂家的"副厂件"；再有1/3，就是那些价格比较低的"副厂件"。也有消费者就是图便宜，但我都跟他们说清楚。

（汽贸城经营者F，访谈编号：QPC09071506）

最后，政府部门对市场治理的手法较为传统，主要采取打击的形式，在激发经营者的品牌保护意识上面下的功夫不够。据CC市汽车零部件企业联合会秘书长J先生介绍，汽贸城的第一次大规模打假源于央视和新华社记者的曝光。

曝光的由头是在2000年初，一名自由职业者到汽配一条街来买配件，结果买到了假货，而且整条街假冒产品特别多。此人与中央电视台驻CC记者站一名记者是好朋友。于是，他与其朋友进行联系，该记者进入配件市场，对市场中的产品情况进行了调查，并对整条街的情况进行了录像。后来，中央电视台第二频道对汽配城假冒伪劣产品的情况进行了曝光。

此事发生后，一名新华社记者进驻市场，对市场秩序和产品情况进行了深入调查，指出CC汽配城假冒伪劣商品泛滥，并将调查报告作为内参传送到了国家相关部门。当时，国务院副总理吴邦国作了批示，责成JL省政府和国家质量技术监督局对汽配市场进行综合治理。

（汽车零部件企业联合会秘书长J，访谈编号：HYXH09071201）

2000年6月，国家质量技术监督局有关领导到汽贸开发区市场检查工作。后来，JL省政府召集了专题会议；7月4日，省政府印发《JL省人民政府、国家质量技术监督局关于CC汽车经济贸易开发区整顿治理工作方案》；7月12日，JL省人民政府和国家质量技术监督检验检疫总局召开了CC汽车产业开发区汽车配件市场整顿治理工作动员大会；7月18日，CC汽配市场整顿治理工作正式开始；7月28日，驻汽贸城整顿领导小组人员全部到位，由市质监局、市质检站、汽贸区市场办共17人组成；次日，向区内企业发放《致汽贸区业户公开信》；8月2日，开展对汽贸区内汽配经销企业进行突击检查；8月8日，省质量监督局向省政府和国家质量监督局报送《关于CC汽车贸易开发区汽配市场整顿工作阶段情况的汇报》，副省长批示："初战告捷，要再接再厉，按预定方案抓实抓好。"❶

《中国质量报》对这次集中整治的成果给予了正面报道："质量技监、工商、公安、监察等部门共查办大案要案29起，捣毁制假售假窝点25个，查处违法商品货值560万元，有力震慑了违法犯罪行为，形成了对制假售假行为的高压态势……通过整治，汽配市场名优产品的市场份额由10%上升到30%，销售额由1999年的16亿元增加到2000年的20亿元，2001年第一季度也比上年同期增长25%，市场环境得到改善，整治工作带来了市场的繁荣"（王澍，于普增，2001）。

2001年5月10—11日，JL省政府、国家质检总局、工商总局、机械工业联合会组成检查验收组，对汽配市场整顿治理工作进行验收，为期10个月的市场整顿治理工作结束（张宏伟，2006）。

但是，无论是从整治工作的过程还是从整治工作的方法来看，政治权力与经营者之间的合作力度不够，政府部门除了规劝经营者进行自纠自查，并进行一些培训，普及一些法律知识之外，在激发经营者进行区域品牌保护方

❶　李介车副省长要求借鉴长春汽贸城汽配市场整治工作经验，促进全省整顿规范市场经济秩序工作深入开展［J］. 吉林政报，2001（12）.

面做得不够，以致打假的成果很难得到巩固，汽贸城商品的总体质量往往伴随着集中整治期的来去而时好时坏。打假是一项长期的工作，要想真正提高市场产品的质量，非得有生产企业和经营者积极参与不可，否则，只有政治权力的力量，往往是"事倍功半"，更何况政府部门对打假的态度也是经常矛盾的，治理太松会影响市场形象，打击过严又很有可能导致市场萎缩："对地方而言，这个市场已形成相当的规模并有很高的知名度，政府部门愿意对市场进行清理，却不希望因清理而导致市场萧条、萎缩……汽贸城管委会相当于CC市的一个区一级政府的建制，有国税、地税、工商、公安等管理部门，机关人员300多名，自己的市场到底是个什么状况，不可能不清楚。但假货依然在汽贸城长期大量存在，不说保护，管理不力也是肯定的"（白天亮，2000）。

缺乏与市场权力和社会权力的充分协作，市场上升期的政治权力尽管对市场的建设、管理做了大量工作，但对于集体选择持续繁荣的目标而言，仍显不足。市场的建设并不仅包括市场硬件环境的建设，同时还包括软件环境的建设，例如在对市场的品牌宣传、区域品牌资源的保护、专业展洽会等经营资源的争取等方面，政治权力与市场权力仍有极大的合作空间；而在优化市场秩序、提高产品质量和市场诚信交易等方面，如果能调动经营者的能动性，建立行业协会，完善自律机制，充分发挥社会权力的作用，不仅能降低政治权力的干预成本，而且对于市场品牌资源的保护也是大有裨益的。

二、市场上升期的市场权力状况

在市场上升期，市场权力的作用仍然主要表现在市场楼盘的开发建设方面。民营开发商开始介入市场，即WD汽配商城的建立。该汽配商城由CC市WD房地产开发集团有限责任公司承建，于1999年开业，紧邻已建成的汽配城。因此，在WD汽配商城的经营者那里，他们把1994年建成的汽配城称为"主街"，而将自己所在的位置称为"商城"。

WD汽配商城是一家民营公司投资建设、独立运营、自负盈亏的汽配城，铺面的出租及管理都交由该汽配城市场部负责。虽然它不及开发区直属的投资公司那样受到管委会的青睐，但它对市场的出租、运营、管理都以专业开发商的模式进行，从政府部门的角度来说，确实也可以“省不少心”。

> 随着开发区的扩建，管委会已经没有那么多的精力来管这个建成区了，现在都是注意力经济，哪里能吸引到政府的注意力，哪里就发展得好。这里也不是高新技术产业，吸引不了那么多的注意力。❶
>
> （汽车零部件企业联合会秘书长J，访谈编号：HYXH09071201）

随着市场上升期的到来，市场逐渐开始拥挤，而管委会及其下属的国有投资公司又缺乏精力在市场小规模的扩建上下功夫，这对于民营开发商来说，则是一个难得的机遇。“1997 年，亚洲金融危机爆发，受此影响，我国出口增长率出现下降，国内商品库存猛增，消费需求低迷，经济形势即将陷入低速增长中。但有数据显示，当时全国居民储蓄高达 5 万亿元，这部分消费潜能的释放，经济复苏或可迎刃而解。在这一局面下，中央确定了一项重要措施启动内需，具体做法则是催热房地产”（张敏，2011）。

从宏观经济的发展历程来看，土地的商业价值在 20 世纪 90 年代末初步体现，WD 汽配商城的建立可以说是顺势而为。而从微观原因上说，除了开发区管委会倾向于招商引资而不是亲力亲为扩大市场规模，市场的客观需求也是该楼盘建成的重要原因。

20 世纪 90 年代末期，随着汽配市场的发展，汽配生产企业的数量大规模增加，越来越多的民营企业进入市场，汽车配件也就有了“原厂件”“配套件”和“副厂件”的区分。

---

❶ 注意力经济原指企业最大限度地吸引用户和消费者的注意力，通过培养潜在消费群体，以期获得最大未来商业利益的一种特殊的经济模式。这里被J秘书长理解为政府的注意力是推动行业经济增长的重要因素。

这些汽车配件的生产厂家，一部分是Y汽的子公司，另一部分是本地新发展起来的地方民营企业，还有一些主要是河北、浙江一带的民营企业甚至是小作坊。

（汽车零部件企业联合会秘书长J，访谈编号：HYXH09071201）

这些民营企业生产的配件虽然不是"原厂件"，甚至有些达不到"配套件"的生产标准，但也不乏有一部分"质量不错、价格低廉"的产品，在汽车配件市场中较受欢迎。这一部分企业的知名度不高，急需打入市场内部对自己的产品进行推广。而汽配城主街对这些厂家而言并不是最合适的，一是主街的铺面面积偏大，租金较高，不利于节约成本；二是主街已经变得日益拥挤，无法提供足够的铺面。

WD汽配市场投入运营之后，主要是吸引这一批客户，形成了自己的运营特色：

我们这里的经营模式与主街上的不一样，他们那边主要以同种车型的不同配件为主，我们这里呢，同种配件，给一个车型或不同的车型配套……大部分都以代理的形式，业户都从生产企业那里直接拿货，有的甚至就是企业自己设个门市，找个亲戚看店，来开拓市场……再有就是我们这里主要走批发，他们那个市场以前也搞批发，但现在批发不太行了，以搞零售为主，很多人（指主街上的经营者）都来我们这里拿货，这里是厂家直销的。

（WD汽配商城二楼招商部经理W女士，访谈编号：WD09071001）

与这种运营特色相适应，该汽配商城的建筑规模较小，店铺多集中在一二层，大约有400家店铺，而每家店铺的规模从几平方米到几十平方米大小不等，但主要以10平方米以下的小型店铺为主。这种特色的运营方式与主街上的大市场形成互补，商城经营者的存在加强了汽配经销商与生产厂家之间的联系，汽配主街的经营者可以更方便地得到更丰富的货源供应，甚至从主街到商城、从商城到主街，在经营者与代理商之间形成了稳定的联系。

在汽配城“主街”建成16周年的庆祝仪式上，CC汽车零部件联合会召集企业和经营者提交宣传横幅，其中，WD汽配商城提供的横幅如下：“汽配商城——供应商的福地、经销商的财源”“WD汽配商城衷心感谢新老客户的支持”。对WD汽配商城的经营者来说，主街上的经营者，既是他们的竞争对手，也是他们的客户，这种合作关系在促进行业资源流通、提高配置效率的同时，为经营者之间的合作提供了契机，货源对经营者来说已经不是那么神秘，反而催生了经营者在货物临时短缺时相互之间的匀货、拿货等行为。经营者之间的关系由单纯的竞争和提防向竞争与合作并存转变，为社会权力的增长积累了资本。

当然，该汽配商城的市场权力也有作用不足之处，相对于专业化的汽配开发商，CC市WD房地产开发集团只是一家专业化的普通房地产开发公司，它所掌握的配件经营资源要远远少于专业汽配开发商。例如，在近年举办的汽配展洽会等活动中建树不多，与经营者之间的合作大都局限于市场的设施维护和管理措施方面。因此，尽管该汽配商城开发商有与经营者合作的意愿，在市场硬环境的服务上做得比较到位，但是，在开发商与经营者协作的能力上尚有欠缺，还要依赖于其他权力（如政治权力或其他市场权力）的资源。此外，该公司在楼盘的建设上，格子间式的经营模式与单一配件类型的代理经营相适应，但却不适合多样化的汽配经营，无法形成一个规模性的综合汽车配件市场，在经营业绩上，必然会对主街有较强的依赖。

三、市场上升期的社会权力状况

社会权力蕴含在经营者之间的熟悉关系和自组织之中，是指熟悉关系和自组织中的认同力量和一致行动的能力。在市场上升期，经营者对市场所形成的规模效应和品牌效应已经有了基本的认同，但在保护区域品牌资源、促进市场秩序优化等方面缺乏具体行动，与政治权力和市场权力协作的能力也有待提高。社会权力的增长主要有两个动力：一是经营者之间熟悉程度的增加，二是经营者自组织能力的加强。但在这一阶段，经营者的自组织——汽配商会，依然处于“僵尸”阶段，发挥的作用极其有限。反而是经营者之间的熟悉关系及由此而引发的合作潜力不断增加。

熟悉关系的研究在国内学术界早已存在，从关系视角探讨中国社会交往原则，其中影响最大的莫过于费孝通在《乡土中国》(2007) 中提出的差序格局这一观点。在处理个人与群的关系时，中国人习惯于把信任建立在熟悉关系之上，熟悉程度越高，信任程度越高。在差序格局中，关系由内而外，在圈子所及的范围内是自己人，圈子以外是外人，圈内和圈外的交往原则是不同的。在国际学术界，对关系网络和社会资本的研究在过去 30 年取得了长足进步，更进一步激发了中国学者对中国“关系社会”的研究。边燕杰提出的“关系社会学”的概念可以说是对社会关系重要性的充分肯定（边燕杰，2011）。

具体到市场经营中，熟悉关系的确广泛存在并发挥着重要作用。在 CC 汽车配件市场的日常经营中，以家庭为单位的私营企业占了很大比重，居住、生活、交易都在同一个空间里完成，这为熟悉关系的形成提供了条件。该汽车配件市场中较为典型的熟悉关系主要有两种类型：第一类是靠营业之余的闲暇时间聚会聊天、由共同的兴趣爱好所形成的朋友关系，他们之间往往具有较强的身份认同感，具有类似的经营理念、市场态度等。此类经营者在入行时间上往往存在先后之分，规模上也有大小之分，其经营理念、市场态度不尽相同，但具有较强的协同行动的潜力。第二类则是共享某种货物或货源的“共生—依存”关系，主要表现在建立了内部互惠交易关系的经营者之间，以及经营者与汽车配件生产厂家的市场内部代理人之间，他们相互之间频繁地进行内部交易，在某个经营者缺货时可以相互“接济”或者干脆从生产厂家的市场内部代理人那里进货而不是直接从生产厂家进货。相对于普通熟悉关系，“共生—依存”关系更具有市场经济的理性化特征，此类经营者往往已经具备一定的自组织能力，在经营中更倾向于合作共赢，而不是恶性竞争。

相对于市场形成期的排他性竞争，在市场上升期，民营资本大量进入汽车配件行业，配件品种多样化，各种质量、各种车型的配件生产厂家比比皆是，市场竞争加剧，经营者已经很难做到对某一产品的垄断经营。

到了90年代末期，搞垄断经营就不行了。以前，做配件首先要看跟厂家的关系，能不能拿出配件，有关系的拿到的货多，还便宜；没关系的，就只能靠市场了。但后来就不行了，Y汽的配件基本都走4S店了，我们拿到的配件大部分是私人厂家生产的，你给他钱少了他也不干啊！再说了，想搞垄断你也搞不了，一个车的配件大面上分有几十种，细分有上百种，生产厂家更多，有些配件自己就可以生产，前边开店后边开工厂生产，你说你垄断哪个？各干各的吧！有竞争也是好事。

（HZ汽配经理Q先生，访谈编号：QPC09071502）

现在还有一种就是特许经营，你家做得好，做得大，上线生产厂家就让你做特许经营、独家代理，但在我们这样的市场，本来就图个便宜，特许经营占不了主流。你真不让我卖，我有替代产品，不一定非要卖哪一家的货。现在的市场不一样了，都是厂家来找经营者谈生意，进不进货，主动权不在厂家手上，在经营者这里。

（汽车零部件企业联合会秘书长J，访谈编号：HYXH09071201）

但是，当垄断竞争被打破，为了维护在市场竞争中的地位，经营者并没有马上走向联合和合作。在区域品牌没有得到有效保护的环境中，"劣币驱逐良币"成了一种更为便捷的选择。

货源已经没法保密，你不告诉他，厂家也会主动找上门去，进货渠道都差不多，产品基本透明。好的办法就是你发现一个更为便宜的产品，或者是生产厂家规模小，没有能力去挨家挨户发展客户，也生产不出那么多产品，如果它家的价格再便宜点，你的利润空间就大了……总的来说，越是品牌的产品，利润越透明，挣得越少，这也是"副厂件"在配件市场这么多的原因。

（汽贸城经营者E，访谈编号：QPC09071505）

怀特在对生产市场的结构进行研究时曾指出，“市场是生产者自身身份和地位的再生产，生产者之间通过观察，了解彼此产品的差异性，这是生产者进行产量和价格决策的依据”（White，1981）。本书研究认为，怀特在生产市场所做的研究一定条件下也适合商品市场。例如，在本书的案例中，经营者之间也会通过相互观察来确定同行之间产品的差异性，在此基础上做出经营决策。但当经营者无法以产品的差异性进行竞争时，最简单、最方便、最不需要成本的方式就是“劣币驱逐良币”，不断发现更便宜的货源。当然，这样做的代价就是无法保证所经营的产品的质量。这也是该市场在2000年前后假冒伪劣产品盛行的一个重要原因。

不可否认的是，在市场上升期，经营者的经营能力和经营实力都有大幅度提高，这为社会权力的增长奠定了基础，但是，必要的货源保护手段有利于维护市场竞争的稳定，但过多的相互观察和信息外露则会在缩小产品差异性的同时减少生产者的利润，使得市场竞争更加激烈，缺乏稳定性，甚至会导致假冒伪劣产品盛行，破坏市场秩序。同时，由于经营者把主要精力都放在了排他性竞争方面，往往无力顾及经营中的一些共同利益，如改善市场硬件设施、降低租金、加强物流安全、完善市场管理等。这些共同的利益需要以集体选择的方式进行，集体选择需要以社会权力的进一步发展为前提。在这一阶段，经营者与开发商、市场管理部门的谈判和博弈一直处于劣势地位，市场硬件设施和管理仍然很不到位，仅靠目前的社会权力，尚无法促成集体谈判能力和谈判效果的提升。

社会权力蕴含于熟悉关系之中，但它要发挥更大作用还要依赖自治组织的力量，否则，经营者的利益诉求缺乏组织化的表达途径，在集体选择的过程中，经营者只能通过熟悉关系与开发商、政府部门等组织化程度较高的市场参与主体进行谈判，这限制了经营者集体利益的实现程度。但是，自治组织能力的提高不是一个理性设计的过程，由管委会出面筹划的商会却最终没有得到经营者的认可。从经营者后期的实践来看，经营者与市场权力协作进行自治组织建设的路径具有可行性。

第五章
权力冲突与协作状况下的集体选择

经营者的集体选择一方面要依靠社会权力的发展，另一方面需要与政治权力和市场权力展开充分协作。权力冲突不仅是社会权力与政治权力、市场权力之间的冲突，还包括政治权力与市场权力之间的冲突以及权力内部的冲突，正是这些冲突为权力之间的协作提供了条件。

第一节　政治权力由台前转为幕后

在市场进入繁荣期以后，其局限性也日渐显现，市场硬件环境没有得到改善；政府部门不定期的“打假”仍然无法得到长久地规范市场秩序的效果；虽然积极筹划了几届汽配展洽会，但政府部门对此已经“力不从心”，政治权力需要与经营者、开发商展开更广泛的合作。面对市场硬件、软件环境的掣肘，CC 市政府在“十一五”规划中果断提出要提升市场层次，将 GL 集团引进 CC 市，建设专业汽车配件市场。但这也激发了政治权力、市场权力、社会权力之间以及权力内部的矛盾，将经营者的集体选择推向高潮；同时，政治权力由台前转向幕后。

一、台前：政治权力吸引新开发商加盟

政治权力在市场的建设过程中一直处于台前，不仅在市场形成时直接推动了汽贸城的建设，在市场上升期中招商引资建成了 WD 汽配商城，在市场进入繁荣期之后，随着市场发展局限的日益显现，CC 市政府又把 GL · 中国 BF 汽贸城的建设作为推动“十一五”宏伟战略实现的重要手段。

在政府部门看来，打造全国最大的汽车配件市场的主要原因是现有的汽车贸易城不能满足现代市场的需要。“建成于 1993 年的 CC 市汽车贸易城，一

直是全国汽车配件的重要集散地……但受空间发展限制，加之起步较低，其粗放型的经营与专业化、规模化的要求存在很大差距，已难以满足CC国际汽车城发展的需要。根据汽车产业开发区的发展规划，开发区将打造全国最大的汽车配件市场、汽车交易市场、汽车服务市场，这一目标与GL集团致力于发展汽车专业市场的经营战略相吻合。为此，双方达成了投资30亿元重新打造CC汽贸城的协议。汽车产业开发区管委会L主任曾表示，CC汽车产业开发区与GL集团强强联合，是开发区汽车产业发展战略的需要。这个项目的建设，将提升汽车产业开发区，乃至整个CC市汽车配件销售市场的层次（杨宝迪，张宏伟，2006）。

在新市场的建设过程中，开发商得到了来自各级政府的关照和支持。2006年3月28日，应JL省政府邀请，JS省工商业联合会组织JS知名企业家代表团到JL考察，全国优秀民营企业家、GL集团董事长G先生与CC汽车产业开发区领导相识，作为全国最大的汽配连锁市场发展商和全国唯一的以汽车为主题的省级开发区，将中国汽配产业做大做强的共同理想使双方紧密相连，在中国汽车之都CC市建设中国最大的汽配贸易总部成为双方共同的战略选择。

CC汽车产业开发区提供全方位重点服务，CC市将"GL·中国BF汽车贸易城"列为"十一五"规划重点项目，GL集团则果断推迟原定的青岛、成都、太原三个汽配连锁中心的建设，重资打造"GL·中国BF汽车贸易城"。从双方相识到签约，人员到位、资金到位、土地挂牌、方案准备，直至项目开工，只用了180天，创新了"新CC速度"（徐微，马书侨，2006）。

GL投资集团有限公司投资的中国BF汽车贸易城位于汽车产业开发区中心区域……是CC市"十一五"规划重点项目，为确保工程进度，CC消防有关部门急事急办，在该单位未办理工程位置审核的前提下，破例先进行了施工图审核，并针对施工图纸中室内消火栓给水系统为一条进水管、防火分区设计超面积等不符合消防建筑规范的问题严格把关，提出了合理的整改意见……使工程消防设计达到了国家相关法规要求标准。为使工程能顺利完工，

CC 消防支队到工地现场解决消防难题（CC 消防网，2007）。

市场建成以后，政府又对市场进行政策扶持，不仅省、市领导亲临开工仪式、开业现场，CC 市车辆管理所、税务部门等管理机构也迁往新汽车配件市场。“在近 2 万平方米的商务配套区内，工商、税务、公安等管理机构全面派驻，银行、超市、酒吧、餐饮等配套服务功能齐全”（滕志峰，2008）。管理机构的派驻作为一种信号向外释放，体现了政府对新市场开发商的支持，此外，在政府的工作会议中提出要对汽贸核心区即老汽贸城进行全面改造。2006 年 1 月 26 日，CC 汽车产业开发区在 Y 汽宾馆礼堂召开 2006 年工作会议，管委会 L 主任作题为《在开拓中前进，在创新中发展，全面完成开发区快速创业的开局任务》的工作报告。报告指出，“在空间安排上，‘十一五’期间，要重点开发起步区，集中改造建成区，控制发展预留区。建成区包括 Y 汽厂区和原汽贸城，约 23 平方公里，以改造、整合、提升为主线。其中，汽贸建成区主要是完善功能配套，提升市场层次，集中打造汽车商贸服务中心……积极建设三大市场，其中之一是汽车配件市场……进一步拓展汽配市场的发展空间，带动汽贸城整体改造，调整经营业态，强化集散功能，建成北方最大的汽配批发交易中心。2010 年配件交易额达到 180 亿元”。

而面对新汽车配件市场建设过程中开发商所宣称的“将对核心区汽配市场实施整体搬迁。按照商业化运作模式，辅以政策导向，将现有配件经营者吸引至后市场服务区新建的汽配市场，做到整体迁移、移地升级，实现汽配市场的无缝化嫁接……完成房屋产权置换，实现平稳过渡，保证移地升级战略顺利实现……同时，按照差异化经营的思路，对原汽配市场，根据汽车用品市场的需要，进行整体改造提升，建成规模化、专业化的汽车用品及汽车衍生品（业）市场”，以及“两年免税”等政策性问题，政府部门采取了默认的态度。这在体现了政策支持的同时，也给经营者和其他市场投资者释放了信号，导致他们认为“移地升级”势在必行，而且“移地升级”是有政策背景和“政策导向”的。省、市领导为了支持市场而频繁现身，让经营者和投资者对市场前景充满信心，这对经营者的选择行为尤其是其投资行为造成干扰，也为日后政治权力与社会权力之间的矛盾埋下了伏笔。

二、搬迁之争：矛头转向政治权力

经营场地的变迁对经营者来说并不是一件简单的事情，首先要考虑的是他们的商铺投资损失；其次是搬迁后经营者的相对铺面位置面临"重新洗牌"，现有的位置优势可能不复存在；再次，要考虑新、旧两个市场在人气、品牌资源等方面的差异，新的市场运营商会能否保持市场的管理有序和持续繁荣是个未知数；最后，要考虑搬迁过程本身所产生的成本。此外，还应当注意到经营者在长期的日常经营中所建立起来的、旨在获取资源和分享价值、维持情感的熟悉关系的作用，经营者不愿因为搬迁而损失或破坏这些资源的稳定性。

但是，如果不搬迁，原汽贸城的经营者又大多在新市场置办了铺面，这部分投资将大幅缩水。GL·中国 BF 汽贸城开业后开发商也在不断为新市场争取经营资源、进行品牌宣传，一批新入行的经营者以及一些在原汽贸城经营的部分业户也开始陆续搬迁，两个市场无差异化经营势必会给经营者带来困扰，增加他们的经营风险和经营成本。

搬，还是不搬？经营者内部开始产生分化，引起分化的首要因素是商铺的投资损失。卡尼曼的"预期理论"指出，在可以计算的大多数情况下，人们对所损失的东西的价值估计高出得到相同东西的价值的两倍。人们的视角不同，其决策与判断是存在偏差的（卡尼曼，2006）。因此，分化首先围绕产权铺面展开。

以铺面产权为依据，按照入行时间的长短，可以把经营者划分为以下几大阵营：新市场开业后入行的经营者；新市场开业前入行的经营者；购买铺面自营的经营者；未购置铺面而租房经营的经营者（详细分类和相关态度可见表 5-1）。其中，对搬迁要求最激烈的是借助新市场开业而开业的部分经营者，他们在旧市场既没有房产又没有资源、也没有关系，他们强烈希望旧市场能够搬迁，以增加新市场的人气。但是强制搬迁没有明确日程的情况下，他们不甘心自己商铺的清冷，此时，对待搬迁的态度会有自营者和租房经营者的区分，其中租房者倾向于暂时退出市场，借着旧市场房租下降的契机，偏向选择逆行搬迁，而自营者则更倾向于坚守新市场。当然，这部分经营者总体上属于规模较小、经验不足的“新人”，对整个市场搬迁的直接影响力不足。而作为经营者的主体构成者，新市场开业前已入行的经营者占了多数，他们的搬迁态度对整个配件市场的发展至关重要。

表 5－1 以产权依据和入行时间为基础的经营者分类及相关态度

新市场开业后新入行的经营者		
旧市场	新市场	态度
无铺面	无铺面	对强制搬迁的要求相对激烈，有退路，可逆向选择
无铺面	有铺面	寄希望于强制搬迁以解决新市场人气不足的问题
新市场开业前已入行的经营者		
旧市场	新市场	态度
无铺面	无铺面	旧市场硬件设施不足，可搬迁，但要求新市场有人气
无铺面	有铺面	旧市场硬件设施不足，去新市场可以减少租金开支，寄希望于强制搬迁以解决新市场的人气不足问题
有铺面	无铺面	坚守旧市场，拒绝搬迁或者要求高额铺面赔偿
有铺面	有铺面	搬迁成本最大。在人气与房租、房产之间的两难选择，要求先解决旧市场的产权再谈搬迁。多在旧市场经营，把新市场当仓库

观察以上表格我们可以看出，虽然经营者内部存在以产权为基础的利益偏好分化：①旧市场硬件设施陈旧、不适合长远发展已经成为经营者的共识，大部分经营者有搬迁并继续经营的意向；②迁往新市场的顾虑主要是担心新市场没有人气，不知道是否能长久繁荣；③如果有外在强制力量促成搬迁，新市场的人气不足问题基本会得以解决；④如果有外在强制力量促成搬迁，经营者希望解决他们在旧市场的铺面产权，给予适当的补偿。

不论是市场的人气积累还是产权商铺的补偿，这都不是经营者一己之力能够解决的问题，在这两个问题的解决办法上，经营者最先想到的是政府部门应当承担起培植市场的任务。

首先，政治权力曾经成功地培植过市场的初次繁荣。第一次强制搬迁的经历让经营者印象深刻，他们认为：

不论是采取强制搬迁还是什么形式，只有政府部门的动员能力最强，这也是节约搬迁成本的最好方法，别人说了，（除政府以外的群体、组织或个人）根本就没人听……那个市场形成的时候，不也是这样么，一动员大家就都来了。

（汽贸城经营者 D，访谈编号：QPC09071504）

过去的经验作为记忆痕迹留在经营者的脑海中，在新市场开业之后，围绕要不要搬迁争论最激烈的时候，他们谈论最多的是政府的态度。虽然不确定政府到底能不能出面促成搬迁，也不清楚政府跟新、旧市场开发商之间的协议如何，但凭借以往的经验、凭借对政府资源动员能力的肯定，经营者自然而然地把搬迁的希望寄托在政府身上。

其次，市场的建设是政治权力规划的结果。作为城市土地使用的规划者，政府部门应该做出稳定的规划设计。

在新市场投入运营以后，没准哪天政府就会对现有汽配市场用地进行重新规划，市场前景不明确，在这样的市场中经营，风险太大，缺乏保障。

（GL 中国 BF 汽贸城经营者 C，访谈编号：GLBF09072203）

它是省里引进的项目，而且政府的税收部门和车辆管理所都搬过去了，这是信号，政府会强制采取措施的，早晚都得搬过去。还免税呢，政府要没个态度，这税能免吗？把人招商引资来了，房子盖好了，卖也卖出去了，再不采取措施让经营者过去，市场红火不起来，这算怎么回事啊！我觉得政府应该采取点什么措施。

（汽贸城经营者 G，访谈编号：QPC09071801）

事实上，老汽贸城除了主街和 WD 汽配商城两个主要构成部分之外，还有另外一家漂 · HOME 楼盘，该楼盘由 3 栋酒店式公寓和 1 栋普通住宅组成，每栋都设计了 80 ~ 150 平方米的 1 ~ 2 层底商，酒店式公寓和底层商铺的设计模式正是为了借助成熟市场效应，“分市场一杯羹”，获得好的经济效益。但是，该楼盘建成出售前后，GL·中国BF汽贸城强势入驻，关于市场要集体搬迁的消息传得沸沸扬扬，这严重影响了该楼盘的销售业绩。

最后，部分经营者认为，新市场的建设是政府招商引资的结果，政府有责任负责市场的后期培植工作。

政府把开发商引来，相比来说，老的汽贸城的确比较拥挤，不够规模化，要讲市场前景，肯定还得去新市场。老汽贸城曾经辉煌过，但它是属于过去的东西了。现在不能说市场建好了，政府就不管了……当时也是政府帮助开发商做宣传的，说把这边迁移过去，打造大的汽配市场。“移地升级”啊！整体搬迁啊！两年免税啊！虽然说没有政府文件下来，但政府也没有追究开发商的责任，没说是虚假宣传，还把工商税务、车辆管理所先行迁过去了，这说明政府一开始是要培植市场的，是支持搬迁的。那么，就要拿出点行动来，这边该赔偿的赔偿，该动员的动员，早点迁过去，早点繁荣。

（汽贸城经营者D，访谈编号：QPC09071504）

（新市场）那边政府支持啊！当时要不是政府帮忙做宣传，也不能去买GL那边的房子，现在房子买了，又没动静了，总得给个说法吧……不给搬，就别招商引资进来建这么大一个市场，是吧？也挺浪费的。再说了，这边的路都破成这样了，不给搬就把路修修，把市场管理搞上去。上次不也是政府强制的吗？不强制搬迁，新市场永远火不起来，投资都打水漂了。

（汽贸城经营者M，访谈编号：QPC09071802）

除了经营者把搬迁的责任推给政府之外，开发商尤其是老汽贸城的开发商也围绕是否搬迁的问题不断游说政府。新市场需要政策支持帮助市场兴盛自不必说，老汽贸城的开发商也不甘坐以待毙，开始向政府讨要说法，保留现有汽贸商城，并以商会的名义向经营者辟谣：“关于2009年政府将采取措施促使汽贸城商户往GL·中国BF汽贸城搬迁的说法，经调查，管委会任何部门均没有接到此项工作指令。关于2009年汽贸商街将封闭维修道路，封闭期为一年的说法，经调查，到目前为止，有关部门并没有在2009年维修汽贸城道路的工作计划，特别是不会像传说的那样去施工，我们将密切关注此事。假如需要进行道路维修，本联合会将协调施工单位采取合理施工方案，尽量减少对企业经营的不利影响”（联合会致商户的公开信）。

一方面是经营者围绕是否搬迁、怎样降低搬迁过程中的损失等问题向政府部门讨要说法；另一方面是开发商之间围绕市场的去留、兴衰等问题向政府部门实行游说政策。但是，面对逐渐被激发的搬迁矛盾，政府部门在完成招商引资之后，并没有推行强制的搬迁计划，搬迁成了开发商和经营者的自发选择，成了由市场导向的经济行为，这引起了经营者对政府行为的不满。

三、转向幕后：政治权力的“明哲保身”

政府部门招商引资，兴建新市场，以满足市场发展的需要，但市场建成之后，围绕是否要搬迁的问题，经营者和开发商却同时将矛头指向政治权力。政府部门如果此时动员搬迁，一是要对经营者在老汽贸城的产权铺面进行补偿，二是要面对来自老汽贸城开发商和投资者的强大阻力，他们不愿将成熟的市场拱手相让。面对搬迁过程中的矛盾，政治权力由前台转向幕后，开始“明哲保身”，实现成本和风险最小化。

政府部门选择“明哲保身”由台前转为幕后还有一个重要原因是对行为合法性的考虑。经营者将矛头指向政府部门，与开发商将矛头指向政府部门在原因上是有差异的，经营者倾向于将政府部门和新市场开发商之间的关系视为一种强关系，认为是政治权力与市场权力联合起来对城市土地商业价值的追逐，因此而质疑政府行为的合法性。

经营者对政府行为合法性的质疑是出于对地权的反思，楼盘开发需要获得政治权力的支持，地方政府拥有对土地的开发权，“怎么使用这一块土地，包括确定土地用途、如何开发，以及由谁来具体开发那一块土地，都属于地方政府的管辖范围以内”（曹正汉，2009）。从地方政府对土地所拥有的实质权力来说，它的确可以被看作是一个大的“开发商”。此外，在市场规划、建设中，地方政府与开发商的关系的确要比与经营者的关系亲密得多。经营者一开始就是被排除在招商引资和“移地升级”的决策之外的，如果面临政治权力与开发商之间的利益联盟，经营者将会成为最容易受到排挤的一方。

政治权力干预经济的原因是多方面的，既有繁荣市场的需求，也有城市规划的需求，还有追求政绩的需求以及其他原因。这些需求中，只有繁荣市场的目的最能得到经营者的认同。此次“移地升级”过程中，经营者对政府部门的认同程度相比市场形成时期的认同程度要低得多。随着房地产市场的兴盛和地方政府大搞“土地经济”，经营者不再认为政府招商引资兴建商业楼盘就是为了繁荣市场。的确，地方政府兴建的是“全国规模最大，功能最全，档次最高，商户最多，市场培育力度最大”的汽车配件市场。《JL 日报》2008 年 10 月 27 日刊文肯定了 GL · 中国 BF 汽贸城的这“五个第一”（王付友，2008）。努力建设“第一”的市场，并不仅仅是为了市场繁荣这一单一目标，对区域经济的发展而言，招商引资是短期内提高政绩的一项重要途径。

“2005 年 9 月 29 日，CC 汽车产业开发区正式挂牌成立。可是，当时的汽车市场一片惨淡，CC 汽车产业开发区逆势而上，成功突围。然而，在严峻的现实面前，如何能在最短时间内站稳脚跟，夯实发展基石，是摆在开发区面前刻不容缓的问题。

“上项目！汽车区刚成立时，这三个字在市委常委、汽车区党工委书记和市长助理、汽车区管委会主任的脑海里时刻迸发。上项目刻不容缓，招商引资迫在眉睫。2005 年，汽车区可以说是一片产业的荒漠，如何在荒漠上灌溉出真正的绿洲，成为汽车区最重要的议题。汽车区的决策者审时度势，转变思路，科学谋划，积极应对，开拓出属于自己的汽车产业绿洲，培育出引资的梧桐树。

“这是一段佳话，更是见证奇迹的时刻。创业伊始，在困境之中，汽车区另辟蹊径把汽车项目锁定在汽车贸易投资上。2006年6月18日，中国北方最大的汽车贸易园区——GL·中国BF汽贸城落户汽车区。CC市期待已久的全球化、现代化、规模化、专业化汽配市场在万众瞩目中迈出了关键的一步。”❶

招商引资的过程中，地方政府首先考虑的是如何“在最短的时间内站稳脚跟，夯实发展基石”，而招商引资的成效和市场繁荣之间往往不是一一对应的关系。在招商引资过程中，政府部门与开发商之间存在共同的利益，也正因为如此，政治权力干预市场建设的目的引起了经营者的质疑。

在新市场前期的宣传活动中，政府部门给予开发商以大力支持，省、市高层领导频繁出席新市场的各项活动，给经营者造成了“地方政府和开发商共同追逐土地商业价值”的印象。市场开业以后围绕搬迁问题的各种矛盾和纠纷，政治权力在市场成功开业之后就选择“明哲保身”出于对自身行为合法性的考虑，逐步淡化与开发商的关系。地方政府不愿意过多干预开发商对市场的管理和运营，更不愿意承担“集体搬迁”的成本。

“明哲保身”后的政府部门不再帮助新市场开发商宣传集体搬迁，相反，还给予旧市场开发商以一定支持，尽力在两个市场之间维持平衡。例如，GL·中国BF汽贸城开业后的第二年，即2009年，为了培植市场的人气和增加市场的知名度，由JL省人民政府、CC市人民政府共同主办的第六届CC汽配会在GL·中国BF汽贸城举办，但在2010年和2011年的第七届和第八届CC汽配会，举办场地则转移到CC国际会展中心，以避免在“政治权力更支持哪个市场”问题上再掀波澜。同时，在会展活动中，政府部门更加注重为经营者的利益服务，增强了与经营者协作的意愿和能力，以淡化政治权力与市场权力之间的关系，这为经营者的集体选择以及经营者与市场权力的博弈提供了一个相对宽松的环境。

---

❶ 共同见证不平凡的历史进程，汽车区建区五周年系列报道之项目建设篇［N］. 长春日报，2010-09-17（6）.

第二节　市场权力之间的竞争

市场权力之间的竞争主要是在新市场和旧市场的开发商之间的竞争，这是市场权力与社会权力进行协作的主要原因。如果没有市场权力之间的竞争，开发商与经营者之间的协作意愿不会如此强烈，协作也就不会在广泛范围内展开。

一、外来市场开发商的强势介入

“23 日 10 时 28 分，由 GL 集团投资 30 亿元打造的 GL · 中国 BF 汽车贸易城举行隆重的开工典礼，省、市领导、工商业联合会会长等为开工仪式剪彩，来自国内汽车产业界近 5000 名嘉宾出席了庆典仪式……据了解，此项目总投资 30 亿元，建筑面积 130 万平方米。项目分两期建设，一期投资 15 亿元，建设规模约 40 万平方米，包括汽贸城核心区改造等项目，预计 2007 年一期投入使用。二期项目将于 2008 年完成”（徐微，马书侨，2006）。

新汽贸城的建设可谓来势汹汹，开发商 GL 集团不仅利用 CC 市“十一五”重点招商引资计划进行政策宣传，在市场开发策略上也下了很大功夫，尤其在市场建设、商铺销售阶段。在市场建设阶段采取异地宣传策略以及开发商在项目规划中提出“以产业路线促进投资路线，以投资路线促进产业路线”的策略。这些市场开发策略给老汽贸城市场开发商带来直接威胁。

其中，异地宣传策略主要是指对在 CC 和其他不同地区的汽车配件经营者进行异地市场形象的宣传。2007 年 4 月 22—24 日，GL 投资公司借助在南京召开的“全国汽车配件交易会”的东风，组织 CC 市汽配经营大户、CC 市日报、晚报记者一行约 40 人开展了“CC 汽配领航者牵手 GL · 中国 BF 汽车贸易城，走进南京、走近 GL”活动。由该集团副总裁陪同并亲自向参观者讲解了集团的南京 GL 轮胎汽配市场、南京 GL 汽配科技城、南京 GL 国际家具港以及总部大楼的建设、运营以及集团发展、壮大、连锁伟业的蓝图。当晚，在总部大楼设宴款待了各位嘉宾。本次活动旨在使CC汽配经营户亲身体验和了解GL集团的企业实力和汽配连锁市场的运营能力，以提升集团和GL·中国BF汽车贸易城的形象，并通过CC媒体的扩大宣传，树立CC市民和汽配经营户对GL·中国BF汽车贸易城项目的信任，增加投资信心，更加便利于营销活动的开展。❶

而对南京的经营者来说，GL集团同样采取了异地宣传的市场营销策略。"20日15时许，一架来自南京的飞机降落在CC龙嘉国际机场。这架由GL集团包下的飞机上，搭载着江苏省的60多位汽配商。他们千里迢迢赶到CC，目的是考察CC汽配产业，并到GL·中国BF汽贸城认购商铺……2007年7月，GL·中国BF汽贸城首期工程主体竣工；7月21日，一期首批商铺开始认购。为了给忠诚客户更多的发展机会，把GL·中国BF汽贸城经营得更好，GL集团包机将自己在江苏省的客户接到CC进行考察"（孔非，2007）。

另外，开发商在项目规划中还提出了"以产业路线促进投资路线""以投资路线促进产业路线"的营销策略，即对经营者和投资客采取双面宣传的策略。一方面对经营者宣传已有大量投资者购买产权铺面，"租不如买"；另一方面对投资者宣传"移地升级"、汽贸城经营者将集体搬迁入驻新市场。两条营销路线相结合，无论是经营者还是投资者，都极大地提高了对汽车配件市场投资的信心。的确，从投资背景上看，近年来房地产业的高歌猛进，让投资者认为其是"安全的储蓄罐"，投资房地产会保值增值。投资者的乐观情绪反过来助长了开发商建设大规模商业楼盘的信心。新市场投资建成的4000余家铺面，是现有市场规模的4倍。市场规模短期内大量扩张，既是出于对市场发展前景的信心，也有一部分是建立在对商业楼盘投资信心的基础之上的。

---

❶ 来自GL集团·新闻中心（内部新闻），2007年4月25日。

二、开发商之间的利益纠葛及与社会权力协作的意愿

CC 汽车配件市场的各个开发商采取的都是营销和经营并存的市场模式，在成功出售部分商铺之后，又对市场进行统一管理、统一出租和统一运营，特别是老汽贸城的市场开发商，主街上的商铺大约有 2/3 是归开发商运营的，WD 汽配商城同样是采取了由开发商自行招商引资吸引经营者赚取租金的市场经营方式。对于开发商来说，它们的目标并不仅仅是开发土地和出售房产，它还要吸引经营者，负责市场的兴盛。其一，市场兴盛之后可以给开发商带来源源不断的后期收益；其二，对市场的成功运营可以给开发商带来较好的口碑，获得经营者、政府部门以及其他市场参与主体的认同，提高品牌影响力。这些目标的实现都需要经营者的积极参与。

从这个意义上说，经营者的流失即意味着市场的衰败，没有经营者，市场也就无法兴盛。因此，外来开发商的强势介入直接给老汽贸城的生存带来了风险。作为一个正在走下坡路的汽贸城，虽然市场拥挤、设施陈旧，但是市场收益却非常可观。在 GL · 中国 BF 汽贸城兴建之前，租金一路高涨，2005 年以后，一些位置较好的铺面，以 30 平方米大小的商铺为例，每年租金高达十几万元，据联合会秘书长 J 先生的介绍，这与全国其他一些规模相似、水平相似的汽配市场相比，租金价格要高出一倍。GL · 中国 BF 汽贸城兴建之后，出现了一个“规模最大、功能最全、档次最高、商户最多、市场培育力度最大”的市场，新市场开发商不仅强势介入，而且还宣称要“移地升级”、集体搬迁。随着越来越多的老汽贸城经营者“签约入驻”新市场，老汽贸城开发商越来越感受到失去客户的威胁。新、旧开发商之间的矛盾围绕市场的去留问题而展开。

旧市场占据了人气充足的先天优势，自然不会把一个成熟的市场拱手相让；新市场占据了硬件设施优势，虽然从规模、功能和档次上来看，市场发展前景要比旧市场广阔，但短期看来，却缺乏经营者和市场人气。因此，新、旧市场的“人气争夺战”将围绕市场管理水平、硬件设施状况、市场品牌宣

传、经营资源的争取等方面展开。

在新市场开发商强势宣传 GL · 中国 BF 汽贸城优势的同时，老汽贸城开发商也采取了一系列的反击措施以挽留经营者，这些措施包括大幅度降低租金、积极开展硬件设施的维护工作、帮助经营者建立商会、对集体搬迁的传言进行辟谣、揭露对方市场硬件设施的弊端、对老汽贸城进行区域品牌宣传等。从这些挽留措施中可以看出，老汽贸城开发商开始了与经营者的积极协作，所采取的维护市场硬件设施、降低租金等策略显示了市场权力与经营者协作的意愿和能力。

在对市场区域品牌的宣传方面，新、旧市场开发商都不甘示弱。为了增加市场人气，吸引更多的经营者，GL 集团于 2009 年执办了第六届中国（CC）国际汽车零配件展洽会。

> 本届展会搭建 300 个国际标准展位，预计参展企业 200 家，媒体单位 40 家，专业观众 20000 人。展会的目的包括：①促进、提升汽车零配件、汽车用品、维修、保养等行业的市场繁荣及市场活力；②为参展企业提供一个宣传企业品牌、建立营销网络、拉动市场经营氛围、提升市场人气和口碑的优质平台；③树立业内企业“战胜危机、携手共进”的信心。
>
> （中国 CC 国际汽车零配件展洽会组委会，访谈编号：GLSH09081200）

GL · 中国 BF 汽贸城积极争取此次展会执办权的另外一个重要原因是增加新市场的知名度。为了吸引更多的企业前来参展，树立并宣传市场品牌，作为执办方的 GL 集团一方面争取到了展位免租金的展洽形式：“参展费用：①展位免租金（展位费由政府补贴）。②免费提供：标准展位免费提供中英文楣板、两支射灯、一张展桌、两把椅子”；另一方面，此次展会的主要内容除了为供需双方的采购与投资牵线搭桥、举办汽车零配件的采购洽谈会之外，还专门举办了 GL · 中国 BF 汽车贸易城招商洽谈会，成立了由 GL 集团副总裁出任会长的“CC 市汽车配件贸易商会”，这为新市场的招商和人气的增加提供了可能性。

对于 CC 汽车零部件的生产者和经营者来说，此次汽车零配件展洽会是特殊的。CC 汽车零部件展洽会自 2004 年开始每年举办一届，历届展洽会都是在国际会展中心举办，且都是有偿使用展位。GL · 中国 BF 汽贸城于 2008 年 10 月 27 日开业，2009 年 7 月便执办了新一届的零部件展洽会，而且展位费由政府补贴，这增加了经营者关于强制搬迁的猜测，更引起了旧市场开发商的强烈不满。

第六届中国（CC）国际汽车零部件展洽会期间，旧市场开发商也采取了有针对性的措施——建城十六周年庆祝活动，强调自己的成熟市场优势和历史品牌优势。如：零部件联合会在此次零部件展洽会期间打出的条幅为："汽贸城是 Y 汽零部件最大的源头市场""积淀光辉历史，走向灿烂未来"；CC 汽贸城广告公司的标语为："CC 汽贸城是您投放产品的最佳选择"（如图 5 - 1 所示）。除了悬挂条幅、召开建成十六周年的庆祝大会之外，开发商及其物业管理公司还承诺降低租金、改善市场硬件设施、帮助经营者获取市场资源等，与经营者展开多方面的合作。比如，针对部分企业流动资金不足、贷款困难的问题：

> 2009 年 8 月，由联合会有关副会长单位与 CC 市中小企业信用担保有限公司共同出资设立的汽车配件流通企业信用担保基金投入运营，累计向企业提供担保贷款 4000 余万元，有效地缓解了部分企业流动资金不足的困难。
>
> （汽车零部件企业联合会秘书长 J，访谈编号：HYXH09071201）

> 经过一系列努力，在与 GL · 中国 BF 汽贸城的人气争夺战中，老汽贸城暂时占了"上风"。实地调研发现，CC 汽车零部件企业联合会的"大事记"中有这样的介绍：
>
> > 2009 年 7 月，在 CC 汽博会期间，组织企业开展"庆祝 CC 汽贸城建城十六周年"大型宣传活动，极大地鼓舞了

图 5－1　汽贸城建城十六周年庆祝活动的部分条幅和宣传标语

人心，振奋了士气，使更多企业对汽贸城的前景恢复了信心。从此，汽贸城走上了再度繁荣之路。

（汽车零部件企业联合会秘书长 J，访谈编号：HYXH09071201）

第三节　社会权力的进一步增强与集体选择的基础

社会权力的进一步增强与两个因素有关：一是经营者熟悉程度的进一步增加；二是自治组织的活跃。熟悉程度的增加提升了信息传递的速度，在充分的讨论和交流中经营者改变了过去的偏好认知，集体选择的目标更加明确；自治组织的活跃为经营者、开发商和政府部门之间的合作提供了组织基础。

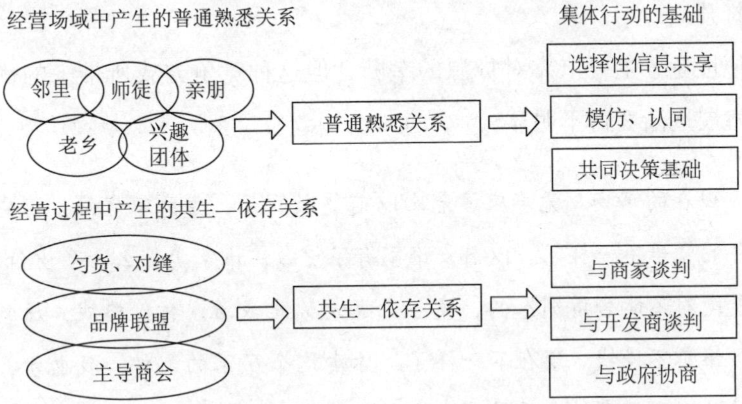

图 5 – 2　经营者熟悉关系的类型与集体行动的基础

一、熟悉程度的增加与社会权力的进一步增强

熟悉关系并没有随着以陌生化、匿名化为特征的市场经济的发展而消失，相反，在市场经济中，熟悉关系一直占据重要地位。不仅经营者需要与消费者建立熟悉关系以获得更多的经营业绩，消费者也需要与经营者建立稳定的熟悉关系，“为了回避风险，顾客愿意把自己的产品选择缩小在一个或几个值得信任的商家范围内”（宋亦平等，2010）。此外，市场经济中还存在着一种不容忽视的熟悉关系，即经营者之间的熟悉关系。

调查发现，CC 汽车配件市场中广泛存在的熟悉关系有两种类型：以经营场域为基础的普通熟悉关系，以及在经营过程中逐步产生的合作关系。前者以亲情、师徒、老乡关系为主要特征，也不乏在此基础上产生的共同兴趣爱好群体；后者包括以“匀货、对缝”等市场内部交易为特征的“共生—依存”关系；也包括在区域品牌市场形成过程中、在汽配交易会等平台互动过程中产生的品牌联盟。其中，相对于普通熟悉关系，“共生—依存”关系更具有市场经济的理性化特征，此类熟悉关系的发展对经营者之间的合作是非常必要的，也是社会权力强大的重要途径。但是，在市场上升期，经营者把主要精力都放在了排他性竞争方面，以市场内部交易为特征的“共生—依存”关系在整个经营者的熟悉关系中所占的比重仍然较小，不足以促进合作共赢局面的打开。

排他性竞争主要依靠对货源的垄断，但这种竞争方式所带来的优势随着市场的发展逐渐变得不明显。

> 现在的市场，竞争应该是比以前更激烈了，生意不好做，但它和早年的竞争不一样了。以前，谁家有了货源，谁家卖什么，多少价钱，那是绝对不能告诉别人的，竞争上也是你死我活，打价格战，压到最后，谁都不挣钱。现在不一样了，你卖这个厂家的配件，我也卖，即便咱是不同厂家的，质量、价格也都差不多，都透明了，利润也基本上透明了。这种情况下的竞争，你再拼个你死我活就没意思了，大家的日子都不好过，别打价格战，有本事下去拉客户，有本事把品牌做上来，让别人都相信你。同样的货，为什么他家卖得好你家卖得差呢？很明显是人家更相信他。如何取得消费者的信任更重要。
>
> （汽贸城经营者F，访谈编号：QPC09071506）

当经营者的竞争由排他性竞争转向发挥品牌的作用时，经营者在竞争中有了共同的目标：维护区域市场的品牌形象，反对打价格战。这些共同目标为经营者之间的合作提供了机会，经营者不再坚持"同行即仇家"的观念，而是在竞争中有意识地培养合作关系和熟悉关系。

熟悉程度的增加还有赖于新的互动平台的出现。在这方面，汽车配件展洽会所起的作用是显著的。CC市政府分别于2000年、2002年、2004年与中国汽车工业销售总公司一起主办了第四十七届（春季）、第五十一届（春季）、第五十五届（春季）全国汽车配件交易会；此外，自2004年开始，中国（CC）国际汽车零配件展洽会每年举办一次。这些全国汽车配件展洽会和CC汽车配件展洽会的一个共同作用就是在汽车配件生产厂家和经营者之间搭建起了洽谈的平台，同时也为经营者之间的交流和接触提供了机会。

在展洽与交流中，经营者之间以及经营者与汽车配件生产厂家之间的联系更加紧密，这些联系有利于培育经营者之间的合作关系。例如：为了降低运输成本和零配件进价，在商业洽谈中，经营者经常以“团购”的方式与参展企业订立采购合同；在原材料价格上涨、汽车配件生产企业不断提价的压力下，展洽会为经营者与生产厂家的价格谈判提供了机会，而价格谈判离不开经营者之间的合作。

> 2009年以来，汽车曲轴原材料价格逐渐上涨了60%以上，生产企业也不断提高曲轴产品的价格，销售环节的利润越来越薄。涨价幅度太大客户就会流失，于是我们趁这次汽配交易会的机会，联合了几家经营者想就这个问题和来参加大会的企业代表交流意见，希望供需双方都能对价格进行适当调整。
>
> （2009年第六届CC汽配会参会经营者A，访谈编号：SCOY09071501）

这些为了共同利益而进行的合作增加了经营者之间的熟悉程度，经营者之间建立起的“共生—依存”关系不断巩固，经营者之间的熟悉关系不再局限于亲戚、朋友、老乡、师徒之间，熟悉关系不断扩展的过程即是熟悉关系的再生产过程。经营者之间熟悉程度的增加和“共生—依存”关系的增强为更广泛的合作奠定了基础，这是社会权力不断增强的重要途径。相比于市场形成期社会权力的严重缺乏以及市场上升期社会权力的初步发展，随着互动平台的出现和经营者之间合作机会的增加，经营者的社会权力进一步加大。

除了合作进行商业洽谈之外，汽配展洽会还给经营者带来了品牌意识的冲击。汽车配件市场以“品种全、价格低”的优势在与诸如4S店、维修站、大卖场等其他类型的配件市场的竞争中占据了优势，但与此同时，汽车配件市场中假冒伪劣产品较多。虽然经过政府部门的“打假维权”等行动，市场秩序有所好转，但“打假”所起到的效果具有周期性特征，产品质量的提升最终还有赖于经营者自身品牌意识的培养。

汽车配件市场的品牌资源是一种区域品牌，区域品牌是一种公共物品，“CC汽车配件市场”“汽贸城”都是以地区的名字为标识，在市场品牌的树立过程中，经营者难免会采取搭便车行为，在利用市场已经形成的品牌效应获取客户资源的同时，对区域品牌缺乏保护意识和有效的保护措施，甚至故意售卖假冒伪劣产品以牟取暴利，这对市场的品牌保护是极为不利的。

对于CC汽车配件市场的经营者来说，展洽会不仅为他们提供了货源上的便利，而且给他们带来了强烈的品牌冲击。早期举办的展洽会被称为是"骡马大会"，有些大厂小店甚至赶着马车参会（冯淑娟，2008）。参展企业为了完成订单任务、收回成本而在场内外随意摆摊经营，散乱无序，甚至有很多假冒伪劣产品出售。但是，随着生产厂家规模的扩大和品牌意识的增强，企业形象和品牌宣传取代采购订单成为展洽会的首要任务。例如，杭州的一家离合器参展公司的负责人表示："公司在生产经营方面运行规范，已经不需要通过展洽会来直接签单，因此，这次参展的主要任务是想让人们对公司及产品有更直接的感触，展示企业形象和宣传产品品牌是我们的主要目标"（赵三明，孙红，2007）。

生产厂家不仅对自己所代理的产品进行宣传，对CC汽车配件市场的区域品牌认同程度也较高。2007年第四届中国（CC）国际汽车零配件展洽会上，广州一家知名汽车用品公司负责人表示："这次集体进军CC汽配会，其一，因为东北是一个很大的汽车行业市场，有太多的发展空间与机会；其二，在展会期间不只是在展示本土汽车用品，更是打造自己的品牌"（刘源源，2007）。外来生产厂家对CC汽车配件市场区域品牌的认同促进了经营者对区域品牌的重视，区域品牌意识的确立促成了经营者之间的进一步合作而不是恶性竞争，"劣币驱逐良币"的竞争方式逐渐被合作共赢的竞争方式所取代。竞争过程中的合作，可以在一定程度上起到维护市场秩序稳定的作用。

"共生—依存"关系的加强及区域品牌保护意识的增加为经营者之间的广泛合作提供了可能性，面对共同利益时，经营者之间的合作提高了他们之间的信任水平，为集体行动奠定了基础。

二、集体选择目标的转向与社会权力的整合

围绕搬迁与否的问题，社会权力内部发生分歧，分歧的最初原因是产权铺面的补偿问题。一方面，部分在老汽贸城有商铺产权的经营者希望政府部

门能够出面对已投资的商铺进行补偿，然后再讨论搬迁的具体事项；另一方面，在新市场投资购买产权商铺的经营者不在少数，“GL·中国BF汽贸城一期（大车配件区、美容装饰区、综合区等）2000余间商铺，开盘仅三天即被抢购一空，其中1400余间商铺被CC、黑龙江、上海、江苏、浙江、广东等主产区1100余家汽配经营户购买，占一期销售比例的70%，市场兴旺的主体和灵魂——广大经营户从此与GL鱼水相连，兴荣与共”（刘杰，2008）。这部分经营者担心，如果不搬迁，投资则有可能贬值。

购买产权商铺之后，经营者的选择行为受到经营和投资双重身份的制约，随着房地产业的高歌猛进和租金的一路攀升，经营者越来越认可投资商铺是“安全的储蓄罐”及“租不如买”的观点。然而，握有产权并不等于握有成熟的市场，市场无法兴盛，产权就会贬值。因此，经营者不得不在成熟的市场和已购买的产权商铺的保值增值之间进行权衡，对于那些一口气买下很多铺面的经营者来说更是如此。一定意义上说，对市场的投资加强了经营者与其经营场地的关联经营者既是商户又是业主，给经营者日后决策的灵活性造成不便，增加了市场风险，围绕产权问题的分歧阻碍了经营者关于集体选择目标和市场可持续繁荣的分析。

随着经营者围绕市场品牌资源的保护、与生产商的价格谈判等问题而展开的合作博弈的增加，经营者之间的熟悉程度进一步增强。熟悉关系与合作带来经营者之间更充分的交流和讨论，在关于如何实现市场的持续繁荣和集体选择的目标上，经营者逐步将自己的经营身份与投资身份分离开来，搬迁与否的首要决定因素已经不再是产权铺面。换句话说，随着交流讨论的展开和合作博弈的增加，在如何才能促进市场持续繁荣、维护经营者群体利益的具体方式上，经营者的偏好排序发生改变，产权铺面不再是决定性因素。

偏好排序的改变是建立在对“持续获益的有效途径的理性认知”（阿马蒂亚·森，2006）的基础之上的，它是在交流讨论的过程中实现的。偏好可以变化，这是从集体选择的可能性这一角度来说的，如果偏好是不可变的或者说没有可整合性，集体选择也就失去了可能性和存在的必要。

建立在对市场长远发展的途径的理性认知的基础上，产权铺面的重要性在经营者的偏好排序中不断降低，接下来就是对市场人气问题的考虑。不论是主张在老汽贸城继续营业的经营者还是主张搬迁的经营者都有一个共同的担心：新市场人气不足。起初经营者认为只要市场强制搬迁，就能带动新市场的人气攀升。

> 关键是把老汽贸城的经营者迁移过来，他们如果不过来，新市场这边的人气是不会起来的……只有他们过来，这里才会繁荣。
>
> （GL·中国 BF 汽贸城经营者 C，访谈编号：GLBF09072203）

但后来经营者逐步认识到，新市场规模过大，即便完成了集体迁移，现有的经营规模也无法填足市场空间，这势必会对现有的市场秩序带来冲击。

> 在市场需求未大幅度上升的情况下，突然建造这么多商铺，市场在原有基础上扩大了四到五倍，这不符合市场经济发展的规律，是政府招商引资追求政绩的结果。这样做的结果的确带来了租金下降，有利于大家减少经营成本，但同时市场准入门槛也低了，他们（指新市场）两年免房租、免税收，大量没有实力和经验的经营者纷纷加入，必然会导致市场恶性竞争，小门小店的混口饭吃，不利于整个市场的长远发展。
>
> （XC 商行老板，访谈编号：QPC09072401）

市场规模的突然扩大引起了经营者的不满，经营者认为这是开发商过分开发房地产的结果，甚至由此产生了对开发商市场经营能力的质疑。但无论如何，经营者因对市场人气的关注暂时搁置了由产权商铺所引发的内部分歧，最大限度地整合了社会权力的力量，为社会权力的进一步强大以及社会权力与政治权力、市场权力之间的利益博弈奠定了基础。偏好排序的改变使得"移地升级"战略的重心由"移地"转向"升级"，这有利于集体选择目标的真正实现。

三、熟悉关系中的信息传递与偏好改变

集体选择目标由注重是否搬迁转向关注如何提升市场人气，保护区域品牌资源，这实际上是偏好排序发生的改变。偏好排序的改变是在信息交流中实现的。

在对社会选择的不可能性进行突破时，阿马蒂亚·森提出了信息扩展的概念。在交往实践中，不断扩展的信息可以增加理性知识，提高价值认同，有效减少分歧，达成共识（阿马蒂亚·森，2006）。这一论断坚持群体成员的偏好是可以改变的，个体理性选择所依赖的信息基础是丰富的，随着个人获得信息的增加，一方面，人们对持续获益的途径会有更清晰的理解，这有利于提高社会选择的效率；另一方面，在公共讨论和相互交流中可以形成共享价值观念和正义原则，一致的价值观可以有效减少差异。这就从前提假设上保证了社会选择的可能性。从这个层面上讲，扩展信息被认为是突破社会选择不可能性的唯一途径。“什么是可能的，什么是不可能的，关键取决于在进行社会决策时实际采用哪些信息。通过扩大信息基础，就有可能得到社会和经济评价的连贯一致的决策标准”（阿马蒂亚·森，2006）。

信息所包含的内容是复杂的，尤其是从实践论的角度出发，信息既包括理性信息又包括感性信息，既包括事实性认知也包括价值性评价；而如果从信息扩展的方式上来区分，还可分为陌生信息的传递和熟悉关系中的信息传递，其中，后者所传递的信息包含大量未上升到计算和逻辑推论层面的知识，具有鲜明的感性色彩。事实上，信息扩展是在交往实践中进行的，交往实践中的信息必然是理性与感性的统一。

相比于人们对待陌生信息时的审慎态度，熟悉关系中的信息传递更容易引起群体成员的共鸣。例如，新市场建设初期，经营者积极购买产权铺面，与其说是受到开发商宣传的影响，不如说是经营者群体成员之间的相互感染。乐观的情绪和信心是群体成员相互感染的结果，这种感染建立在对旧市场开发商不满的基础之上，经营者很快形成了对搬迁的共识。因此，新汽车配件

市场建立之初，"30亿元打造汽配航母"的消息很快在经营者内部传开，陌生信息变为熟悉信息，并通过熟悉关系在经营者之间不断传递。熟悉关系中的信息传递提高了经营者对信息的认可程度，甚至对于那些没有经过官方证实的消息，如"移地升级，实现无缝化对接"，经营者也信以为真，赋予较高的预期和认同，积极签约购买产权商铺。

新市场开业之后，市场人气不足，整体迁移、"移地升级"的说法也没有了下文，当经营者的价值预期无法达到时，他们开始怀疑信息的可靠性。与一开始的积极态度相反，经营者内部初步形成一种判断，认为新市场开发商不过是"卖房子牟利"，对市场的前景较为悲观。负面消息一经传开便引起轩然大波。接下来，房顶漏水、路面冻胀等信息不停地从新汽车配件市场传来。据中国农民维权网2009年7月22的报道："GL·中国BF汽贸城问题重重，业主损失惨重……为补漏水，一家商铺打1000多堵漏点……除漏水问题外，汽配城内还存在道路冻胀、地沟设计不合理、供暖和供水系统不符合要求等建筑设计问题。"这些问题掩盖了该市场初建时的风光，熟悉信息的传递让经营者对新市场的信心和价值预期骤然下降，这延缓了他们的搬迁计划。

搬迁计划延缓之后，经营者赢得了一个理性思考的空间，他们逐步将自己投资人的身份和经营者的身份分离开来，关注的焦点从产权商铺转移到市场人气、品牌资源上，这客观上减少了社会权力内部围绕产权铺面的冲突，联合了更多的经营者参与到集体行动中来，与市场开发商展开博弈，采取措施以促进市场的持续繁荣。经营者的共识是：如果没有市场的持续繁荣，产权商铺也将迅速贬值。这一共识的形成正是建立在所谓"对持续获益途径的理性认知"的基础之上的。

建立在"对持续获益途径的理性认知"的基础之上，经营者的社会权力得以继续发挥作用，集体选择在解决了内部的冲突之后得以继续前进。但是，不可否认的是，以口耳相传的方式进行的熟悉关系内的信息传递具有严重的路径依赖特征，一旦达成某种舆论风向，则很难改变，而这些难以改变的舆论风向，往往是不精确的，或者过于乐观，或者过于悲观。此外，熟悉群体内的信息大都是同质信息，经营者要对市场走向做出判断还必须跟政府部门和开发商打交道，在沟通交流中获取更多的信息，而不是相互敌视和不理睬，这就为自治组织作用的发挥提供了空间。自治组织内的信息传递兼顾对内引起共鸣的特征和对外沟通的特征，这在很大程度上避免了熟悉关系中信息传递时的口耳相传特征，避免了信息传递过程中的偏差。本书研究案例中，随着信息传递的展开，无论是经营者还是政府部门、开发商都极力推动自治组织的发展，同样是为了增加信息传递过程中的有效性。

四、商会组织的成立与社会权力的进一步强大

商会组织在集体选择的研究中占据重要地位。在政府和市场之外，发达的商会组织可以提供公共物品，这是集体选择理论得以立足的根本。本研究中，经营者群体利益的实现离不开商会组织的作用。商会组织一方面可以促进信息传递，另一方面可以有效调动资源。

社会权力的强大，一方面依赖于经营者在日常经营过程中形成的熟悉关系以及经营者之间的合作能力；另一方面依赖于组织基础。商会组织在社会权力的进一步发展中占据重要地位。但是，像目前社会中的大部分商会组织一样，经营者的商会组织面临发展困境，一开始对社会权力的壮大并未发挥多少作用。随着市场开发商之间的竞争，为了拉拢经营者，开发商大力倡导建立经营者的商会组织。商会组织的建立及其最初所抛出的信息、态度，并不一定代表经营者的利益，却客观上给了经营者一个正规的交流平台，有利于经营者之间熟悉关系的进一步增强和合作行动能力的提高，即社会权力的进一步发展。本节从开发商利益集团介入商会组织的角度，指出在商会组织的发展过程中，除了自上而下的建设和自下而上的发展之外，还可以存在另一条路径，即利益集团的介入。

CC 汽车配件市场中的商会组织并非是经营者之间自发形成的、真正维护行业自律和自治的民间组织，这一点从它的发展历程就可以看出。老汽贸城早在开业之初的 1996 年就成立了“CC 市汽车及汽车配件商业协会”，但彼时

经营者之间的关系较为陌生，缺乏组织基础，商会随着政府工作人员的变动而名存实亡，没有独立生存的能力，发挥的作用极其有限。第二个商会在GL·中国BF汽贸城建成开业之后成立，一开始被称为"市场繁荣委员会"，之后于2009年7月在第六届中国（CC）国际汽车零配件展洽会召开之际更名为"CC市汽车配件贸易商会"，由GL集团副总裁出任会长，秘书处设在开发商集团下属的物业管理公司——CC市BF汽贸城市场运营物业管理公司，由物业管理公司的常务副总经理出任秘书长。

随后，老汽贸城也于2009年5月31日提交了"关于成立CC市汽车产业开发区零部件商会的申请"，2009年9月初，召开了第一次筹备工作会议。

> 会议决定将组织名称定为"CC汽车零部件企业联合会"，讨论了章程，推举汽贸城的投资方——CC汽贸城开发集团股份有限公司为会长单位，决定立即开始联合会理事单位的推荐与申请工作。

> 联合会自成立以来，以维护企业合法权益，促进行业健康发展为目标，围绕业内企业普遍关注的问题开展了卓有成效的工作，使企业感受到有了维护共同利益的组织，在经济和社会生活中有了话语权。
>
> （汽车零部件企业联合会秘书长J，访谈编号：HYXH09071201）

这里的话语权主要是针对之前流传的市场将集体搬迁的传闻所表达的一些看法和见解，在由市场开发商任会长的自治组织中，这些看法和见解显然会受到市场开发商意志的左右。同样，由GL集团副总裁出任会长的CC市汽车配件贸易商会所表达的一些立场也不完全是经营者的自主意愿。在开发商利益集团的介入下所成立的商会与其说是企业经营者的自治组织，不如说是市场开发商之间竞争的结果，对于这一点，汽车零部件企业联合会的秘书长直言不讳：

> 我们成立这个协会呢，实际上是在自救，整个汽贸城包括房地

产商、投资商，包括这个商会，我们大家是在自己救自己，就是因为现在又出现了个GL汽配城，两个汽配城现在处于竞争状态。

（汽车零部件企业联合会秘书长J，访谈编号：HYXH09071201）

的确，开发商利益集团的积极介入帮助经营者成立了商会组织，与此同时，商会在表达立场、组织活动的过程中又不得不受到开发商利益的干扰。但无论如何，商会组织的成立客观上为经营者提供了一个信息交流的平台。一方面，为经营者的交往互动提供了更多的机会；另一方面，开发商与经营者"共同利益""兴荣与共"的说法虽然不一定符合实际，却展示了市场权力与社会权力协作的意愿。例如，汽车零部件企业联合会成立后的一系列活动都围绕"维修道路、整顿交通秩序、解决物流安全、提高市场管理水平"等问题展开，力图为经营者提供好的经营环境。CC市汽车配件贸易商会成立后也积极开展活动，争取经营资源。如：帮助经营者与金融机构、担保机构联系，签署金融服务合作协议；加强与其他汽配市场的经验交流，了解行业动态，为经营者提供市场信息等等。这些活动调动了经营者参与商会组织的积极性，提高了经营者的自组织能力，为经营者之间的进一步合作和熟悉关系的加强做出了贡献，最终有利于社会权力的增长和集体选择目标的实现。同时，商会开展的活动展示了市场权力与社会权力之间协作的意愿和能力，权力之间的充分协作是经营者集体选择目标实现的基础条件之一。

商会的成立及商会活动的增加，进一步加强了经营者之间的交流与合作，社会权力在与市场权力的博弈中被不断再生产出来，这些新生产出来的熟悉关系与政府部门和开发商的联系更为紧密，具有较强的合作博弈、选择性亲和的愿望和能力。内生的熟悉关系在经营者的集体选择中能发挥更重要的作用，社会权力通过熟悉关系的再生产得以不断再生产出来，并逐步提高自主性和行动能力。

第六章
以社会权力为依托的集体选择

市场持续繁荣目标的实现既要有“市”的繁荣又要有“场”的建设，集体选择目标的实现需要政治权力、市场权力和社会权力之间的充分协作。但是，集体选择中的“集体”是指有共同目标、共同利益和相对明确边界的群体，在本书中具体指经营者群体，因此，集体选择最终是以经营者的社会权力为依托而展开的，社会权力在集体选择中起到至关重要的作用。

第一节　蕴含在熟悉关系中的社会权力

经营者之间的熟悉关系是在日常经营和交往实践中逐步形成的，随着市场经营中共同利益或共同问题的出现，经营者之间的合作在更广泛的范围内展开，这些合作进一步增加了经营者之间的熟悉程度。在长期的交流和合作中，经营者形成了对自身群体的认同感，认同力量和一致行动的力量不断增加，这便是经营者的社会权力的形成过程。

一、熟悉关系中的认同力量和一致行动的能力

熟悉关系在经营者之间广泛存在，随着市场竞争中合作范围的扩展，在面临共同利益时，经营者之间信任程度和熟悉程度不断增加，熟悉关系发挥着越来越重要的作用。

首先，在交流和互动中，经营者逐步形成对自身群体的归属性认同以及对其他市场参与主体的评价性认同。在经营者的经营过程中，无论是市场场址的选择还是市场的日常管理，开发商和政府的话语权都要比经营者的话语权大得多。“认同是一个求同和存异同时发生的过程，无论是求同还是存异，都必须参照特定的社会边界来确定”（李友梅，2007）。作为相对分散的群体，

在强势的政治权力和市场权力面前，经营者处于弱势地位，缺乏话语权。这一“弱势地位”的身份认同是对自我身份群体的评价，评价的参照群体是政府部门和开发商利益集团。“弱势地位”的身份认同导致经营者对开发商和政府的评价大都是消极的，不利于社会权力与市场权力、政治权力的协作。例如，当老汽贸城开发商主动提出要对市场加强管理、维修道路、整顿交通秩序时，这些问题虽然是经营者所共同关心的，但在具体的方案讨论和制定过程中，经营者并不积极，他们认为这只不过是开发商的口头承诺。

随着新市场的开业和搬迁之争日趋激烈，经营者的“弱势地位”有所改变，市场开发商为了招商引资主动向经营者抛出了橄榄枝，愿意与经营者协作以“共同促进市场繁荣”，经营者有了表达利益需求的机会，对开发商的评价逐渐由消极变为积极，认识到与市场权力的协作可以带来市场管理水平的提高以及其他方面资源的增加。此时，新、旧市场开发商为了捕获经营者的“芳心”，主动拉近与经营者的距离，以获得他们的认同，经营者的市场地位有所上升，对自身群体的评价由消极变为积极。

开发商之所以召集成立商会组织，主要是为了拉近与经营者距离，以商会组织的形式让经营者参与到决策中来，加强沟通，在业务往来中形成对市场的认同感，以避免因误会和疏离造成市场管理的困难。除了让经营者参与到市场管理决策中，开发商向外界争取资源的过程中，包括向政府争取政策支持、对外品牌宣传和联系汽车配件行业的会展、洽谈会等活动，都是在与商会会员单位的沟通协商中进行的，这些行动能够帮助建立经营者与开发商的身份认同，达成“共同努力、促进市场繁荣”的共识。

其次，熟悉关系可以促成经营者之间的广泛合作，带来一致行动能力的提升。一致行动能力的提升与评价性认同结合起来，根据所形成的评价性认同的性质，将一致行动的能力分为经营者内部合作的能力以及与市场权力、政治权力合作的能力两种类型。其中，经营者内部合作能力的提升是权力协作能力提升的前提。

在以往与政府部门和开发商的交流中，经营者一直处于被动和弱势地位，两次市场建设规划，经营者都未能参与进来，新市场投入运营之后，市场搬迁并没有如期进行。在重新思考“移地升级”的可行性的同时，经营者逐渐形成对政府部门和开发商的不满情绪。

不满情绪的形成增强了经营者的团结意识，他们认为只有自己行动起来，加大群体的力量才能维护群体的共同利益，并由此开始寻找与开发商和政府抗衡的可能性。但是，经营者集体利益的实现恰恰离不开政府部门的支持和开发商的市场发展规划，经营者与政府部门和开发商利益集团的沟通至关重要，过多的抗衡不利于权力之间的协作，更不利于群体利益的实现。因此，不满情绪在调动起经营者的参与积极性之后，所起的作用便逐渐由正面转向负面。此时，如果继续任由不满情绪的高涨，沟通交流的效果必然会大幅降低。

总之，经营者对自身群体的归属性认同实质上是对自身市场地位的评价，随着经营者市场地位的上升，经营者对自身群体的归属性认同也逐步提升，在市场管理和决策方面不再消极和被动，而是积极投入。在参与市场管理和决策的过程中，经营者的一致行动的能力进一步获得提升，并且逐步改变了对市场开发商和政府部门的看法，不再把二者与经营者的利益和价值取向完全对立起来，而是更多地看到了权力之间协作的可能性和必要性。

二、熟悉关系中社会权力的特征

社会权力是蕴含在经营者的熟悉关系中的认同力量和一致行动的能力，它一方面建立在对市场可持续发展的理性认知基础之上，另一方面又受到熟悉关系中交往规则的影响，这些交往规则决定着社会权力的特征。

第一，熟悉关系中的信息交流和讨论能够减少偏见，带来理性认知，这是社会权力中的理性方面。维护市场的持续繁荣是经营者的群体利益，但在如何实现市场繁荣的目标上，经营者却缺乏明确的认识，并因此而存在诸多分歧。信息交流和讨论是突破选择方案不一致的有效途径，这在阿马蒂亚·森的社会选择理论中已被证明。“在交往实践中不断扩展的信息可以增加理性知识，提高价值认同，有效减少分歧，达成共识”（阿马蒂亚·森，2006）。

这一论断坚持群体成员的偏好是可以改变的，随着个人获得信息的增加，一方面，人们对持续获益的途径会有更清晰的理解，这有利于提高社会选择的效率；另一方面，在公共讨论和相互交流中可以形成共享价值观念，一致的价值观可以有效减少差异。从这个层面上讲，熟悉关系中的信息交流和讨论被看作是社会权力整合的重要途径。

第二，熟悉关系中的交往规则并非完全理性的，这是因为：首先，经营者的经营类型以个体经营和家庭经营为主，很多经营活动与日常生活并未完全分离，居住、生活、交易都在同一个空间里完成，家庭结构和处境的变迁能够影响经营决策，理性选择受到亲情、伦理的约束。其次，面对经营风险，经营者通过相互观察和模仿来进行经营决策，其中有很大一部分是尚未进入逻辑推理和计算层面的简单模仿，属于感性选择的范围。例如，部分经营者决定投资产权铺面，就是受周边同类经营者的影响，或者受亲朋好友的影响。经营决策中的模仿、跟风等现象较为常见。最后，感性选择有时是在迫不得已的情境下做出的，选择主体所掌握的信息有限、决策能力有限，无法进行精确的理性计算，有时甚至是被动选择。“主动是理性选择的明显特征之一，被动则是感性选择行为的明显特征之一”（刘少杰，2005），社会权力寓于熟悉关系之中，社会权力作用的发挥受到熟悉关系中交往规则的影响。熟悉关系中的感性色彩必然会影响到社会权力的展开过程，进而影响到集体选择的特征。

受熟悉关系中交往规则的影响，经营者依托社会权力而展开的选择行为并非是完全理性的，而是明显受到熟悉关系中价值、伦理、道德、习俗等因素的影响和制约。

第二节　以社会权力为依托的权力协作

当搬迁之争的矛头指向政府部门之后，政治权力试图全身而退，开始与市场权力保持距离并愿意与社会权力协作；开发商之间的利益纠葛使得市场权力有了与社会权力协作的意愿。但是，这些协作都是政治权力和市场权力主动提出的，有自己的利益需求，因此是不充分的权力协作。经营者要善于发现政治权力与市场权力之间在利益和价值取向上的不一致，充分利用政治权力和市场权力对市场繁荣的期待和承诺，发挥社会权力的作用，在更大的范围内展开权力之间的协作。

一、政治权力与市场权力之间的矛盾

本书研究案例中的汽车配件市场前后经历了两次搬迁风波。在第一次搬迁风波中，政治权力干预的痕迹非常明显，在对市场的选址、规划、建设、管理过程中，政府决策起了重要作用。市场投入运营之后，政府部门又对经营者采取了限期强制搬迁的措施，以培植新市场的人气。在第二次搬迁风波中，政府部门一开始积极招商引资，与市场权力之间的关系较为亲密，但在新市场投入运营之后，政治权力则由台前转为幕后，逐步淡化与市场权力之间的关系，之前关于“集体搬迁”“移地升级”的说法也销声匿迹。政治权力在前后两次搬迁风波中的不同行为方式，以及在第二次搬迁风波中的态度转变，既显示了政治权力干预市场的不同原则，也显示了政治权力与市场权力之间的矛盾。

从政治权力干预市场的原则来看，政治权力不仅在不同时期有着不同的干预原则，即便是在同一时期，其干预市场的理由也是多方面的。如：为了美化城市环境、合理规划城市布局；优化市场秩序、促进市场繁荣；招商引资、发展区域经济、追求政绩；追逐土地商业价值；等等。这些不同的干预目标有时是相互冲突的，不能同时实现。从市场参与主体的角度来看，政治干预的目标与其他两大市场参与主体——开发商和经营者的目标也不尽一致。其中，发展区域经济、追求政绩是政府部门本身的利益诉求；追逐土地商业价值更多地迎合了房地产开发商的需求；而促进市场繁荣则更多地满足了经营者的需求。政治权力在干预方式和干预力度上的不同影响着市场权力和社会权力之间的具体关系，进而影响着经营者集体选择过程的展开和市场秩序的变迁。

新市场的建设是政府部门招商引资的结果，不论招商引资的目的是为了追求政绩、追逐土地的商业价值，还是单纯为了发展区域经济、促进市场繁荣，政府部门都有一个促进市场“升级”和繁荣的期待。因为，只有促进市场的“升级”和繁荣，政府部门的招商引资才算成功，这也是政府部门在招商引资之后还要持续不断地给予新市场开发商以政策支持、帮助后者大力宣传市场的原因。“移地升级”是新市场的目标，也是新市场建造的意义所在。

“移地升级”是一个全方位的过程，它不仅仅是市场规模的扩大，对新市场开发商来说，他们首先要升其面积，出售产权铺面，获取收益。在诸如市场规模是否合适、市场管理方式是否恰当等诸多问题上，开发商利益集团与政府部门及经营者的期望并不一致。也就是说，虽然开发商是“移地升级”策略的直接宣传者，但培育市场“升级”是一个长期并需要付出巨大成本的过程，尤其是在开发商将大部分产权商铺出售之后，对“升级”的动力难免不足，因为这不符合开发商的成本—收益原理，特别是不符合开发商的短期利益。

当然，开发商也有对市场繁荣的承诺，与老汽贸城的开发商一样，新市场开发商同样采取了“营销”和“经营”并存的市场模式，其目标并不仅仅是开发土地和出售房产，它还要承诺市场的兴盛。开发商承诺市场兴盛的原因和动力包括：市场兴盛之后可以给开发商带来源源不断的后期收益；对市场的成功运营可以给开发商带来较好的口碑，获得经营者、政府部门、投资者以及其他市场参与主体的认同，提高品牌影响力。

于是，政府部门对市场繁荣的期待以及开发商对市场繁荣的承诺成为政治权力与市场权力矛盾冲突的第一个焦点。当市场开业以后，新市场开发商虽然还有对市场繁荣的承诺，也采取了一系列培植市场繁荣的措施，但毕竟动力不足。

反正房子已经卖给他们了，他们不可能不过来经营，这边开业了，物业管理费交着，那边他们没房子的，还要交租金，自己算算账就明白了……自己的铺子自己不关心，就闹不明白他们在等什么（指旧市场的经营者买了门面，又没有搬过来这件事）。

（GL·中国BF汽贸城物业处工作人员A，访谈编号：GLKF09072101）

一方面，政府部门不可能持续不断推出措施培育新市场，仅一个“两年免税”的政策就已经引起了其他市场经营者及社会团体对政府行为合法性的质疑；另一方面，政府部门对新市场的政策扶持引起了老汽贸城开发商的强烈不满，他们开始积极活动，肯定市场的发展前景并尽力向政府游说，保全市场的存在。

至于汽配市场的容量，我认为这个汽贸城差不多能满足全国汽配市场或CC汽配市场的发展需求了。

（汽贸城开发商工作人员A，访谈编号：QPKF09072201）

关于2009年政府将采取措施促使汽贸城商户往GL汽贸城搬迁的说法。经调查，管委会任何部门均没有接到此项工作指令。

（联合会致汽贸城全体汽配商户的公开信）

伴随着开发商之间利益冲突的不断升级，政治权力逐渐由台前转向幕后，逐步淡化与市场权力之间的关系，以免把搬迁之争的矛盾引到政府自己身上。于是，政治权力与市场权力之间出现缝隙，政治权力与市场权力的关系由强变弱，这给社会权力的作用发挥提供了空间。

二、发挥社会权力的作用

政治权力的悄然退出让经营者更加明显地感受到了开发商之间的利益冲突，同时，社会权力的力量开始显现。

首先，政治权力的退出调动了经营者的积极性。十多年前的强制搬迁给经营者留下了深刻的印象，再加上新市场兴建之初，政府给予了大量的政策支持，开发商高调入驻并大力宣传“移地升级”，这让广大经营者误认为政府部门将最终促成“移地升级”的实现。在目前中国的商品市场经营中，由政府的一纸行政命令而集体搬迁的市场案例的确存在，新汽车配件市场在兴建之前的规划、设计阶段，政府部门和新市场开发商并没有征集经营者的意见。这些经历和经验很容易让经营者形成这样的判断：搬迁与否并不是由经营者决定的，经营者在这件事情上缺乏话语权。于是，经营者参与市场搬迁、市场管理等问题决策的积极性并不高。而政治权力的暂时退出改变了这一状态，经营者在选择市场时，可以根据市场的硬件设施、管理水平、品牌资源、市场人气等经济因素做出决定，这调动了经营者与开发商及其物业管理公司进行谈判的积极性，社会权力有了发挥作用的空间。

其次，开发商之间的竞争给了经营者以谈判的主动权。政治权力退出市场之后，经营者首先感受到的是新、旧两个开发商之间的对立，当经营者在犹豫如何进行选择时，开发商向他们抛出了橄榄枝。开发商一方面召集成立商会，组织开展一系列活动，优化业内资源，为经营者服务；另一方面积极游说政府争取各项优惠政策。在与开发商的互动中，经营者逐步赢得选择的主动权，发现并发挥着社会权力的作用。

为了拉拢经营者，新、旧市场开发商分别出台了大量优惠措施，一方面，这些优惠措施往往是“意愿有余、行动不足”，它需要经营者的不断努力才能逐步落实。例如，旧市场开发商提出的道路维修，从方案提出到筹集资金再到具体行动，从2009年春一直持续到2011年秋，前后近3年的时间，如果没有经营者持续谈判的努力，道路维修方案很可能成为开发商的“空头”承诺。面对开发商主动提出的市场管理措施和优惠方案，经营者充分利用商会的作用，在业务往来中展开与开发商的积极合作，以避免由于误会和疏离造成市场管理的困难。

经营者充分发挥熟悉关系的作用，积极参与对市场的管理。例如，为了整顿市场内的经营秩序和交通秩序，开发商及其物业管理公司做出规定，要求货物摆放不能占用公共空间。此令一出，立即获得经营者的赞同。但也有部分经营者是表面上赞同，背地里却不愿意执行，在生意忙和货物多的经营旺季，仍然挤占公共空间。这种情况下，经营者充分利用熟悉关系的作用，寻找市场内较有影响力和社会威望的经营者，带领其他经营者进行相互监督和约束，对违反规定的经营者进行协调和规劝。来自群体规范的压力规范经营者的行为，因为对他们来说，违反一项规定“得罪”的只是物业管理公司，压力要相对小得多，而如果要“得罪”了圈子内的同行，就要承受更大的压力。经营者正是充分利用熟悉关系中蕴含的信息传递和资源动员能力，积极主动地与市场权力开展协作，才使得市场运营更加有序，市场管理水平不断提高。最终，社会权力与市场权力之间的协作促进了市场繁荣，帮助经营者实现其共同利益。

第三节　权力协作中的策略行动及其特征

在如何争取更多的经营资源、增加市场人气、宣传市场品牌等问题上，经营者借助熟悉关系和商会组织进行资源动员，并开展了一系列策略性行动，与市场权力和政治权力展开广泛的协作，以此促进集体选择目标的实现。经营者的集体选择是依托社会权力进行的，社会权力寓于熟悉关系之中，熟悉关系中的行动既有理性的一面也有感性的一面，集体选择的特征与熟悉关系的特征密切相关。

一、以社会权力为依托的策略性行动

商会组织是策略性行动展开的一个重要场域，在如何争取更多的经营资源、增加市场人气、宣传市场品牌等问题上，经营者采取了诸如“一张名片、两个地址”“同时加入两个商会”“抑制租金上涨，拖欠市场综合管理费用”“问题化策略”等策略性行动。在进行策略性行动的过程中，经营者为了群体利益的实现与政治权力和市场权力展开充分协作。策略性行动的出现说明经营者正在逐步掌握市场的主动权。

“一张名片，两个地址”的行动策略是经营者对 GL 开发商的“拉拢”做

出的策略性行动。一方面是新市场开发商提出了“开业返押金，不开业罚款”，另一方面是不希望自己的投资闲置，在新汽配城买了产权商铺的经营者纷纷前往新汽配城开业。但是开业之后却并不真正经营，而是“打发一个员工去看店，以应付开发商派人来检查”；人手少的店铺，干脆把新汽配城的房产当作仓库，每天去打开卷帘门，贴个“外出送货，有事电话”的留言条，只是偶尔去取货。“一张名片，两个地址”的行为是两边都有房产的部分经营者所认同的策略，他们既不想放弃旧市场的散客资源，又不想放弃新市场培植过程中带给经营者的好处，既信不过旧市场长久发展的能力，又信不过新市场在近年内能红火起来的预言，只能以此行动向两边开发商同时出招，保全自己的利益。例如，GL 集团为了吸引经营者，向政府游说政策支持，提出两年免税，经营者就以“搬迁进行中”为由，获得新市场开发商的支持，进而免交或减免各种税收。再比如，GL 集团还跟 CC 市中小企业信用担保有限公司签署了《商户金融服务合作协议》，为新市场内的经营者提供融资支持，以帮助经营者扩大经营范围，帮助 GL 集团稳定并繁荣市场。相比之下，现有汽配市场对政策资源的获取能力有限，没有从政府那里获得明确的政策支持，但市场管理方巧妙地利用了政府高层与基层之间对待搬迁态度上的区别，通过向支持旧市场的基层政府游说，主张政治权力在“招商引资”以后应该按照市场规律办事，延缓了由政府权力干预的强制搬迁计划，保全了旧市场。这在客观上给了经营者一个反思的机会，开发商利益集团之间的竞争有利于经营者获取更好的经营资源和更多的政策支持，为经营者增加了选择的空间，市场交易秩序没有受到政治权力的强势干预。

“同时加入两个商会”的行动策略。汽车配件贸易商会和汽车零部件企业联合会两个商会在各自开发商的支持下，为市场的繁荣兴盛做了大量工作，但是在市场的人气争夺上又相互竞争。这两个商会虽然名称不同，但它们所吸纳的成员却高度同质。调研发现，双方商会的副会长单位具有高度同质性。例如，汽车配件贸易商会的十二家副会长单位中，与汽车配件行业有关的有六家，其中四家（HZ、DZ、SH、CX）（为保护被调查者的个人信息，此处以字母代替公司名称）也同时加入了汽车零部件企业联合会，三家副秘书长单位中的一家（JF）同时在汽车零部件企业联合会中任理事。[1] 商会是在开发商利益集团的支持下建立的，在行动过程中必然会考虑各自开发商的利益。经营者要想获得来自政治权力的支持和其他的经营资源就必须加入商会，通过参加商会举办的活动去获取资源。经营者加入商会可以获取该商会提供的一些资源，诸如品牌宣传、商界资讯、各种优惠措施等，同时加入两个商会则可以最大限度地占有资源和信息。

一方面，商会迫切需要选择龙头企业作为自己的副会长单位和会员单位，以此增强自己的力量，动员更多的经营者入驻自己的市场；另一方面，经营者可以借此机会联合起来，以组织化的形式要求改善经营环境，增加优惠措施，提高市场管理水平，维护自身的利益。

例如，汽车配件贸易商会是在2009年7月第六届中国（CC）国际汽车零配件展洽会上成立的，会员资格必须是在GL汽配市场开业的经营者，成为会员意味着享有更多的展洽权力。之后，作为开发商的GL集团又组织召开“会长恳谈会”，邀请开发区管委会的政府行政人员、各汽车配件销售企业代表与开发商市场管理部门一起，共商运营工作目标和工作思路，协助商户提高市场竞争力和加速市场繁荣进程，这些活动为新市场中经营者之间关系网络的建立提供了交流的平台。与此相对应，汽车零部件企业联合会也积极筹划成立、召集副会长单位和会员单位、组织一系列活动，宣传自己成立十六周年的规模效应和市场吸引力，强调汽配行业的摇篮作用和根基地位。在召开的会员动员大会上，开发商做出承诺，准备调研市场、承诺修缮基本设施、降低租金，以吸引经营者继续在此经营。同时加入两个商会便可以加强与两个市场之间的信息沟通和联系，最大限度地获得来自两个开发商的资源和优惠措施。

“抵制租金上涨，拖欠市场综合管理费用”的行动策略。租金在经营者那

---

[1] 调查中，很多被调查者不愿意承认同时加入了两家商会，商会也不愿意向调查者完全公开自己的会员单位，笔者是通过商会提供的部分会员名单做的统计，因此，此处应为不完全数据统计。

里曾经是一个不公开的秘密，开发商或拥有门面房的业主根据铺面的位置、面积、经营者的可接受程度等因素评估每间铺面的租金范围，经营者虽然可以依靠内部关系网络相互披露信息，但在一个供不应求的市场中，经营者几乎无法抑制租金的上涨。在GL汽配市场出现之前，许多经营者都经历了房东乱提价的苦恼。而面对新市场的激烈竞争，握有铺面出租权的房东和开发商“变乖了许多”，为了吸引业户，他们开诚布公地讲自己的铺面租金，并保证若干年内不再涨租金，同时，一部分经营者则开始了与房东的谈判，压低租金，否则便不再续租。这种现象主要发生在旧市场。而在新市场，由于人气不足，经营者极力减少营业成本，千方百计地拖欠市场综合管理费用，认为“没有人气，没有客户，没法做生意，就没法交市场管理费”。这些行为反映了经营者跟开发商之间的矛盾，他们既要与开发商联合起来发展市场，向外界争取资源，又要和开发商进行内部博弈，争取现实利益。

此外，不得不注意的是，当经营者的权力与开发商或政治权力冲突时，经营者处于弱势地位，处于弱势地位的群体容易在集体选择中采取“问题化策略”。“问题化”本来是集体行动特别是集体上访中的一个概念（应星，2007），“指上访者反映的问题尽管客观存在，却不意味着进入了解决的日程，为了尽快和尽可能好地解决问题，他们总是要竭尽所能地强调问题的严重和情况的紧迫”。在以往对上访等集体行动问题的研究中，“问题化策略”主要是对外策略，是弱势群体向强势群体“造势”，以引起注意、获取资源、解决问题的过程。近年来，董海军的研究认为，弱势群体的这种“造势”行为不仅是对外的，而且也在其群体成员内部“造势”，以赢得同一群体的认同，形成“众势”（董海军，2010）。通过“造势”，本来处于弱势地位的经营者一方面可以获得本群体内其他经营者的认同和响应，另一方面也能够促使开发商及物业管理公司对硬件设施进行修缮，促使政府部门投入警力整顿物流安全问题。

两种策略性行动的展开所依据的社会资本是不同的，在向外争取资源时，经营者依靠的是作为正式组织而存在的商会，而在内部“抵制租金上涨”“拖欠市场综合管理费用”的行动策略上，经营者运用的主要是内部的熟悉关系网络。他们通过在经营场域中建立起来的各种关系，联合起来向开发商出招，开发商为了增加市场凝聚力而不得不考虑经营者的利益，然后再以商会的名义对外争取政策支持并扩展经营资源。这反映在策略性行动上，前者是经营者与开发商的合作性策略，后者是经营者与开发商的非合作性策略，两者的共同目标是发掘开发商与经营者的共同利益，在向外争取有利经营环境的同时降低内部的营业成本。行动策略的出现说明经营者正在逐步掌握市场的主动权，以自身的方式建构市场秩序。

二、以社会权力为依托的策略性行动的特征

经营者的策略性行动是依托社会权力而进行的，社会权力寓于熟悉关系之中，与高度理性化和组织化的集体选择相比，选择的过程具有明显的感性特征，更容易受到外界“不确定状况”的影响。相对于政治权力和市场权力，经营者的社会权力处于弱势地位，集体选择的过程中也表现出了浓厚的“弱者的勇气”特征。在集体选择的过程中，经营者的自组织能力得到提高，“弱者”逐步变强，社会权力得以在政治权力和市场权力的挤压中发展壮大。

（一）“不确定状况下的判断”特征

集体选择的结果是不确定的，体现在本书案例中，即市场经营是在不确定性状况下进行的，不论是个体选择还是集体选择都必然会承担选择的后果和选择的风险。

经营者在不确定状况下的判断，首先，可以将卡尼曼关于行为心理学研究的部分判断进行扩展性应用，例如，有关直觉判断的启发式和偏差原则中的“代表性原则”，表明人们可以将“反映了产生该事件的过程的显著特征的主观判断作为判断目前和将来事件发生概率的指示器”（卡尼曼，2008）。这一原则虽然不能保证问题解决的确定性和彻底性，但却经常可以有效地解决问题。面对商品市场的整体搬迁，经营者根据以往经验做出判断，认为政治干预可以带来市场的迅速搬迁，认为专业化的市场开发商可以有效提高新市

场的管理水平，这是经营者一开始做出搬迁决策的主要原因。但当外部环境发生不易察觉的变化时，这些依靠传统经验得出的结论往往是不可靠的，本书案例中，市场未按预期迅速搬迁便是如此。

其次，在不确定状况下，人们的心态也会偏乐观或偏悲观，对于个体选择来说如此，对于集体选择来说更是如此。但两者又有所区别，对个体来说，表现在决策过程中的，依个人偏好不同，可以是决策的过分信心也可以是决策的过分保守，但表现在集体情境中，正如格兰诺维特的“阈值模型”，当参与者超过一定人数时，其他人往往表现为盲从，此时，过分信心往往占了主流。在集体选择中，个体所要承担的责任降低，风险降低，或者说，个体可以通过动员其他成员加入行动，让其他行动参与者一起承担成本。因此，集体心态更易于表现出急躁冒进的特征。换言之，哪些判断和决策是由于个体的认知限制造成的，哪些判断是由于决策环境的影响造成的，这在个体和不同规模的群体决策中，有着不同的表现。在本研究中，经营者在做出的与搬迁有关的一系列策略行动上，就很明显地表现出了这种不确定状况下的特征。

（二）“理性计算”与“感性模仿”并存的特征

不确定状况下，行动参与者可以通过模仿来降低不确定性。并不是所有模仿都是感性的，有些模仿行为从经营者的角度来说是理性的。例如，生产市场上，生产者通过相互观察和模仿，可以确定自身的市场地位和产品价格，或者通过模仿，可以降低彼此产品的差异性，及时产销那些市场需求量大的商品，分享市场机会，这些都能给经营者的理性决策带来益处。但是，模仿具有滞后性，常见的广告词“一直被模仿，从未被超越”一定程度上说明了核心技术的难以模仿和模仿行为的滞后性。如果在市场信息有限的条件下，人云亦云、邯郸学步，则很可能导致盲目模仿，无法做出正确的经营决策。如东北老工业基地失业人员的求职方式（刘少杰，2004），足疗、按摩等个体经营店在模仿的动因下，数量迅速增加，远远超出了市场需求，经营者又因为别无选择而持续惨淡经营，这不利于下岗工人经济境况的改变和社会地位的提高。这些缺乏理性计算的模仿，往往会带来一定的经济损失。经营者的集体选择中，同样既有理性计算的成分，也有感性模仿的成分，是理性与感性并存的选择方式。

这种理性计算与感性模仿并存的选择方式主要表现在经营者所处的关系网络和熟悉群体对集体选择的约束机制中。集体选择的策略性行动是凭借自治组织的力量做出的，也是在熟悉群体中进行的。诸多集体行动理论的研究已经证明，关系网络具有信息传递和资源动员的能力，尤其是垂直网络在集体抗争中的作用非常重要（石发勇，2005）。本研究要指出的是，不仅垂直网络在集体选择中具有重要的资源动员能力，同质性高的群体，借助熟悉关系也可以起到重要的信息传递和资源动员作用。垂直关系大都是不平等关系，除非是有亲缘关系或相应的社会资本，否则垂直关系不容易获得。而熟悉关系作为交往实践中的关系网络，不仅是具有工具性作用和理性特征的武器，同时还具有感性特征和表意性作用，存在于关系网络中的社会认同、价值观念等意识形态因素对集体行动中的信息传递、资源动员有着特殊的过滤作用，这影响着集体选择的具体展开方式。

集体选择的感性特征确实存在，并且发挥着重要作用。具体表现在：感性以其直观的印象更容易引起经营者的共鸣，在选择行为中发挥着先入为主的作用，使得选择表现出经验化特征。经营者在1994年亲身经历的强制搬迁以鲜明的印象存在于他们的脑海中，作为一种记忆指导他们以后的行为。虽然对政府是否有权力干预其经营地点的选择这一合法性问题存在疑虑，但过去的经验告诉他们，政府可以做到强制拆迁，具有官方招商引资的开发商开始建筑楼盘时，大部分经营者都认为搬迁势在必行，主要原因是存在感性记忆，以至于经营者忽略了对宏观经济社会发展背景的分析，忽略了市场迁移中其他力量的作用因素，过于看重政治权力的强制搬迁动员能力。

（三）“弱者的勇气”特征

如果说，“不确定状况下的判断”特征与“感性选择”还是针对选择事件本身而言的，那么，“弱者的勇气”特征则是针对选择主体的身份、地位而言的。与政府部门和开发商利益集团相比较，经营者处于弱势地位。市场的集中、迁移、改造可能会创造经济奇迹，也可能会人为地制造市场衰退。随着对民用商品房的严格调控，房地产开发商必然会加强对商用房地产的开发，企业的拆迁、腾笼换鸟将成为一种趋势，“移地升级”也会是开发商和政府联袂登台建造楼盘的一种口号。

无论如何，商品市场的发展确实离不开政策的支持和适当的干预，经营场地的选择已经不单纯是市场力量的结果，而是政治权力、商业利益以及经营者之间利益博弈的结果。如果说1994年的搬迁，经营者对政府是否具备强制经营者选择经营地点的合法性只是怀疑，那么，此次搬迁中，政府招商引资、鼎力支持大规模汽配城的兴建更难赢得经营者对其行为合法性认同。除了对政治干预市场方式的怀疑，经营者还会怀疑市场的兴建是否是政府出于追逐土地商业价值的需要，是否是一种“土地经济”的拉动。在向市场经济转型背景下，政府特别是基层政府部门不乏从“代理型政权经营者”向“谋利型政权经营者”转变（杨善华，2002）的现象，其行为合法性更容易引起民众的质疑，进而影响到经营者的判断、选择。

按照传统的政府—市场—社会的三分法，政治权力和开发商利益可以被看作其中两极，经营者虽然还处于市场之中，但已经对权力化的市场走向无能为力。处于政治权力和市场利益的双重夹击中，经营者应当属于波兰尼笔下的“被保护”的社会力量（波兰尼，2007）。这是一个政治、市场、社会三者之间的动态关系平衡问题。在这一问题上，虽然政府出于赢得合法性目的的需求，会在追逐土地商业价值的过程中，尽力维护市场的稳定，争取两者兼顾。但政府并不是铁板一块，不仅内部是充满利益分割的（赵鼎新，2006），在不同的时期、不同的背景下，偏向市场一方或偏向社会一方的力度也会有所不同，“国家立场的位移将会是社会与市场力量对抗中的重要变量”（王星，2008）。但不管怎样，为数众多的经营者不是一个强有力的组织，面对房地产商和政府，经营者缺乏强劲的与之抗衡的资源和权力，在博弈的过程中往往会表现出“弱者”特征。

在斯科特那里，弱者往往会采取“偷懒、装糊涂、开小差、假装顺从、装疯卖傻”（斯科特，2007）等消极的抵抗措施，但经营场地的变迁关系到经营者的切身利益，虽是弱者，他们却不能消极待命，在适当情境下，弱者的武器也会演化为“弱者的勇气”，上访、游行、堵路等突发性集体行动是他们经常采取的措施。例如，昆明螺蛳湾消费品市场“强制集体搬迁”的行政命令，引发了经营者的集体反抗和突发性事件。但是，王星指出，“在强大的权力化市场面前，公民的勇气力量虽然可能是持续的，然而却是微弱的，如果我们非要把弱者的武器提升为公民的勇气，那么需要进一步追问的是：谁能够为这种勇气实践中行动者所付出的巨大牺牲买单呢？国家的保护义务在实践中更为重要”（王星，2008）。据此，他从放权于民与放权于地方相结合的角度提出了“社会的生产”的论点，这无疑是一种有价值的思想和建言的进路。

但在目前商品市场搬迁的实践中，在放权于民的社会生产目标尚未实现的情况下，“社会的生产”的思路显然无益于经营者弱势地位的改变。借助不同层级政府之间在利益取向上的矛盾，的确可以增强社会的利益，帮助实现“社会的生产”，但在实践中，不应该只期望自上而下的“放权于民”。在本书研究的案例中，经营者充分利用政府部门之间、政治权力与商业资本之间的矛盾而展开的策略性行动，虽然具有浓厚的“弱者的勇气”特征，却也为“社会的生产”提供了切实可行的路径。

第七章
集体选择与市场秩序的建构

Move to Upgrade: the Collective Choice and Market Order

A Case Study Based on Collective Relocation of
One Auto Parts Market

经营者在权力化市场中通过集体选择的方式实现群体利益，在政治权力与市场权力强势的两极中谋求生存，这一独特的实践逻辑正是中国商品市场中市场秩序的建构方式。市场秩序的建构是政治权力、市场权力和社会权力共同作用的结果，三者共同供给市场有序运行所需的制度，规范和制约对方的市场行为，创新市场制度。对以集体选择的方式表现出来的制度供给和秩序变迁的研究具有重要的理论意义和实践意义。

第一节　自主经营与集体选择

商品市场中的集体选择是一种客观存在。自主经营者之所以采取集体选择的方式，是因为集体选择可以有效降低市场不确定性、减少风险，抵御外界强势干预，有效保护公共利益等。通过集体选择，经营者的市场地位能够得到不断提高。

一、自主经营者集体选择的客观存在

集体选择在自主经营者之间是一种客观存在的现象。经济行动并不是孤立的、原子化的个体行动，采取集体行动可以抵御不确定性、降低经营风险，尤其当面对一些公共性问题时，集体选择被认为是行之有效或者经常采取的做法。

首先，集体选择可以有效降低不确定性并减少风险。市场经营有风险，对于如何降低风险和不确定性，有两种研究路径，一种是理性的，另一种是非理性的。理性研究者如格兰诺维特，倾向于表达集体选择中的“计算”，他提出了“门槛理论”：“一个人会看到多少人或多大比例的人采取一个决定时，

才会采取相同的决定，是此人净效益超过净成本的门槛"（格兰诺维特，2007）。非理性研究的路径，在本研究的文献部分已有论述，如，迪玛奇奥曾用"野兽精神"来表达市场参与者对不确定性与风险的集体反应。这一研究路径倾向于强调集体选择中的"模仿"。"野兽精神"是由凯恩斯首先提出来的，"指一种油然自发的乐观情绪"（凯恩斯，1936），在面临市场不确定性和风险性时，这一乐观情绪具有极强的感染力，市场参与者往往选择模仿、跟风等行为，保持一致或采取集体行动，以共同抵御风险。

不论是出自理性的还是非理性的假设，面对不确定性和市场风险时，市场参与主体都会采取集体行动，并且在集体行动中同时注重计算和模仿，这是一种客观存在。通常意义上，计算是个体层次的，对一个经营场地的选择是如此，对一项交易的达成也是如此，成本如何、收益如何，都需要个体参与者进行仔细的计算。模仿则是总体层次的，经营者不但要对自身的成本—收益进行核算，在生意如何、场址如何选择等问题上，还需要在对其他经营者决策进行观察，通过"相互观察"做出经营决策。这是经营者生意成败的关键要素之一。

在本书研究的案例中，计算和模仿并存于集体选择中，在信息传递遇到阻碍的情况下，集体选择可以有效促进沟通，增加理性认知，同时，处于弱势地位的经营者，可以通过集体选择的方式增强本群体的影响力，在博弈中逐步取得利益。研究者必须注意的问题是集体选择的模仿性所带来的非理性问题，有时凭借油然自发的乐观情绪，或是油然自发的悲观情绪，可能会带来集体选择的偏误，而这些集体性情绪一旦发生，就具备强大的感染力，可能会影响到集体选择结果的效率。但无论如何，"作为社会运动的市场"是"野兽精神"的直接后果。市场参与者的行为方式并非是孤立的个体理性行为，交易规则的建立、交易秩序的变迁在一定意义上就像一场"社会运动"。这场社会运动可能是组织化、理性化程度相对较高的，也可能以一种恐慌的极端方式表现出来的。"经济市场也是一个集体运动的过程，在这一过程中，行动者彼此影响对方在不确定性条件下的风险估计。社会学家和社会心理学家关于气氛形成的研究，社会学家关于网络对集体行动的影响的研究，为理解这些现象提供了基本的原则与原理”（迪玛奇奥，2006）。

其次，集体选择被认为是弱者抵御外界强势干预的有效方法。集体选择的另一个学术研究脉络与经济利益有关，更与弱势群体、社会地位有关，它不是抵御市场风险的集体选择，而是维护弱势群体利益的集体选择。这一分支大多将集体选择看作抵御外界，尤其是政治权力和利益集团的强势干预的一种有效方法，其典型案例是各种各样的维权斗争和集体行动。其形成了各种理论流派，最为典型的有资源动员理论、政治过程理论、框架整合理论，并且在研究中越来越强调认知、共识等价值观念和意识形态的作用。例如，应星对乡村集体行动和农民利益表达机制的研究（应星，2007b），于建嵘对维权运动与抗争政治的研究（于建嵘，2010），曾鹏对社区网络与集体行动的研究（曾鹏，2007），此外还有对其他各种类型的工人、农民工等社会群体的集体行动和集体谈判的研究（徐晓军，2008；应小丽，2009；等等）。这些研究一般分为两类：一类是体制内的“依法抗争”“以法抗争”；另一类是体制外的“以理抗争”。与此相伴的还有诸多不可控的、突发性事件。

对弱势群体而言，之所以说集体行动是行之有效的，一方面是因为集体选择的匿名化和群体化可以有效降低个体抗争的风险；另一方面是因为集体选择造就了“势”，有了“势”，集体行动参与者可以把问题扩大化，引起社会的关注，从而将问题透明化、公开化，以公众舆论和社会监督的方式解决问题，从而提高行动参与者成功的可能性。这些通常是社会弱势群体面对强势干预所采取的主要行为方式。如，面对城市改造和经营场地的拆迁运动，分散的经营者需要联合起来，以增强谈判的“势”和降低谈判中个体所面临的风险成本。

最后，集体选择可以有效保护公共利益。不论是经济市场中的集体选择还是社会领域的集体选择，研究所要解决的一个重要问题是如何克服搭便车，只有解决了搭便车问题，才能有效动员资源，进行有效的集体选择。搭便车的对象往往是公共利益或公共资源。例如，作为集体选择目标的公共土地、公共环境、品牌资源等，这是所有的集体行动、集体选择理论必须要面对的问题。本书研究案例中，经营者之所以要达成集体一致，进行集体选择，很大程度上是出于对品牌资源的保护。市场经营过程中，随着市场知名度的提升，市场的“区域品牌资源”也不断提升，特别是对商品市场而言，品牌资源的作用更大。例如，全国各地著名的在业界有名的市场：昆明螺蛳湾小商品市场、武汉汉正街小商品市场、广州白马服装市场、义乌小商品批发市场、青岛即墨小商品城等，这些市场都以地区的名字为标识，加盟一个成熟的市场即可享受稳定的客户资源。

作为一种公共物品，区域品牌资源能否得到有效保护是一个值得关注的问题。商品市场拆迁时有发生，拆迁的原因也是各方面的。例如，目前有一些商品市场秩序混乱，制假售假现象严重，一些市场管理方认为，通过搬迁，提高硬件设施和市场管理水平，可以有效改善这一现象，因此做出搬迁决策。但制假售假等市场欺诈性问题并不能通过换个环境而得到改善，在商品市场发展的不同阶段，作为市场参与者的商品市场经营者对市场的品牌宣传和广告投入的比例必然会有不同，公共政策和市场管理固然可以一定程度上抑制市场的假冒伪劣产品，但品牌的保存和延续需要经营者的主观认同，它是一个经营者之间通过长期的交往实践逐步积累的过程。因此，增强品牌效应、促进市场优化升级并不是一次搬迁就可以完成的，这也是本书研究的案例中，经营者对待搬迁问题态度犹豫、不断改变偏好的原因。

在搬迁决策上，经营者需要达成共识并采取集体行动，只有这样，才能在迁入新市场、享受更高水平的硬件设施的同时，保护区域品牌资源，维持既有的交易格局；否则，经营者不敢贸然行动。一个市场如果长期没有人气，则无法兴盛。搬迁、移置固然可以带来市场的兴盛，也同样可以带来市场的衰弱，搬迁对于市场的兴盛来说，只是一个外因而不是内因。因此，在市场秩序尚且稳定的情境下，面对新的经营场地和政府的搬迁计划，经营者倾向于观望而不是立刻做出搬迁决定。

二、集体选择与经营者的地位

在讨论集体选择问题时，人们往往倾向于将依赖政治机制进行的选择定义为公共选择或者说集体选择，而将市场选择界定为私人选择。从亚当·斯密的《国富论》开始，市场这只“看不见的手”的作用就越来越受到尊崇，人们坚信，个人在追逐私利的过程中，可以自然而然地促进公共利益的实现。于是，经济学帝国主义的价值观普遍推崇个人理性选择，强调市场选择的个体性而非集体性。但是，市场交易中，参与者确实需要以集体选择的方式来实现集体利益或规避市场风险。

集体选择是实现群体利益的主要方式，群体利益的实现有利于经营者群体地位的提高。无论是经营场地的迁移、市场品牌的保护还是市场秩序的维护，说到底是市场的可持续繁荣问题，经营者在这些方面有着共同的利益。群体利益的实现是在权力斗争中实现的，经营者的集体选择要适当地控制政治权力的干预，限制市场权力的过分逐利。集体选择目标的实现对经营者来说意味着其市场地位的提升。

集体选择的主体是经营者，经营者与政府部门和开发商的利益博弈可以帮助经营者实现群体利益，有利于经营者地位的提升。但一个理想的市场模型应该是经营者、政府部门、开发商三者协调相处，共同促进市场的可持续繁荣，促进市场的不断升级，因此，集体选择不应局限于经营者群体内部，在强调权力冲突的同时还应该看到权力之间的协作。集体选择是在社会权力、市场权力与政治权力的充分协作中进行的。市场经营中的重大事件，如专业市场的建设、工业园区的规划、行业协会的建立、会展活动的开展、企业之间的战略合作等，离不开政府部门和开发商的介入。在市场经营中，经营者以外的市场参与主体，尤其是政府部门应该发挥积极能动的作用。一个好的政府机构应该促进企业的联合行动，发挥集体效率，以应对外部激烈的市场竞争，甚至直接促进企业之间的联系，而不是让经营者自己极力争取与政府部门的合作。

第二节 集体选择对市场秩序的意义

集体选择作用的主要对象是经营场地和经营秩序，经营秩序在市场秩序中居于基础地位，经营场地的变迁是集体选择的结果。集体选择一定是在某种制度环境和秩序状态下展开的，是一个制度变迁的过程，能够供给市场有效运行所需的制度。此外，集体选择是在实践中进行的，在实践过程中，经营者的自组织能力和熟悉程度得到提升，交往实践中的熟悉关系可以提供伦理、道德上的约束，提高信任度，有效减少搭便车现象。这有利于市场诚信建设。

一、经营秩序在市场秩序中的基础地位

目前的市场秩序研究主要聚集在市场交易秩序的研究领域，其中，价格、诚信等是经济社会学研究的主题。但市场交易秩序的形成不仅仅是经营者和消费者之间的"买卖"，还涉及其他市场参与主体，政治权力和商业资本、经营者群体共同参与到市场经济中，形成一种"经营秩序"，这是市场交易秩序的基础。经营场地的选取、经营者之间的市场内部交易、经营者与政治权力、商业资本的关系等问题，在市场秩序研究中是作为基础问题而存在的。

首先，对经营场地的"投机"增加了经营风险，容易引起市场秩序的不稳定。房价上涨、房产升值，对房地产的投资成就了一批开发商，也成就了一批普通投资者。但商业市场的筹建不单是开发商的经济行为，它还与城市规划、政绩工程、财政收入等行政部门的政治、经济利益相连，对经营场地的投资和"投机"增加了经营者的经营风险。

一方面，随着房价增高的是铺面租金的节节攀升，少则几万元多则数十万元的铺位租金极大地增加了经营成本，让经营者切实感觉到"租不如买"，也纷纷加入到投资产权铺面的行列中来。这更增加了房地产投资的热度，自营者与普通房地产投资者相互"鼓动"，顺应了房地产开发商的需要。开发商

在营销房地产时采取“以产业路线促进投资路线”和“以投资路线促进产业路线”，两者相辅相成，让经营者感觉到投资客的青睐会促使房产增值和租金升高，让投资者看到有大量自营的经营者会保证市场人气、形成旺铺，从而带来房产的真正增值。

另一方面，即便经营者拥有商铺的产权，市场还是可以按照城市规划的要求“移地升级”，这是时下一个普遍的关于拆迁的问题，也是引发矛盾纠纷和集体行动的一个重要原因。面对“移地升级”，经营场地的“租赁经营者”与“有产权自营者”各自的利益偏好是不同的。自营者要比租赁经营者付出更多的搬迁成本。另外，“移地”的过程，特别是拆迁补偿的过程，在时间上不是一蹴而就的，新市场“旺铺”和人气的配置更是一个耗时的过程，市场前景不明确、政策风向标的摇摆等问题都超出了经济行动的范畴，增加了经营者的选择难度。

此外，还有市场规模的盲目扩大带来的后果。诸多“移地升级”的实例中，“升级”的首要目标是市场规模和商铺数量，然后才是规范化和标准化，争取产业的升级。“升级”商铺数量能给开发商带来立竿见影的效果，对房地产进行招商引资也是地方政府建立政绩的诸多途径中较为快捷的一个。处在权力化市场的利益链条中的经营者，无法维护自身的利益，商铺数量的增加并不一定会按照市场的需求进行。大规模盲目增加商铺分散了原先的经营者群体，打乱了原本形成的日常经营关系网络，这对经营者的经营秩序是一个冲击，他们形成的信息传递渠道会随着地理位置的转移而有所变化，需要重新建立熟悉关系。与此同时，商铺规模的增加和租金的下降、两年免租的优惠政策降低了市场的准入门槛，在开发商的宣传下，新的经营者不断加入，这造成了竞争环境的恶化。新加入的经营者大都规模较小，质量上的良莠不齐以及各种各样的短期行为恶化了经营秩序。

其次，市场内部交易是市场外部交易的基础。如前文所述，内部交易可以活跃市场，并且一般都是在熟悉关系下进行，受制于伦理义务、道德责任等非经济因素的作用，市场内部交易多为诚信交易，长期多次博弈的机会也从理性人的角度降低了欺诈的可能性。虽然市场内部规则并不等同于市场外部规则，但对市场内部交易秩序的研究构成了市场交易秩序研究的一个基础部分。

一方面，内部交易减少了市场不确定因素和各种投机因素，从而大大降低了交易成本，促成了经营者之间的合作。“这种条件下形成的价格，显然不仅仅是竞争的结果，还有信任和共同利益基础上的合作”（康胜，2008）。市场内部所特有的结构模式、关系网络类型以及协调方式，在降低交易成本和活跃市场的同时，提升了经营者的群体性市场适应能力。调研中，有些经营者坦言：“内部市场交易是一个生存市场，外部市场是发展市场”，依靠稳定的市场内部交易关系网络，那些经营能力不强的商家也可以勉强维持生存。

另一方面，市场内部存在的熟悉关系网络提高了市场交易中的诚信水平。信任作为社会资本的一种形式，可以有效降低交易成本。但市场内部的信任是一种特殊的信任，市场内部交易规则无法等同于市场外部交易规则，也有人因此质疑内部交易中的特殊主义信任能否扩展为普遍信任。随着市场经济的发展与进步，人们的交际范围逐步扩大，面对的环境越来越陌生，人们强调制度建设对信任的重要作用，认为仅靠道德约束和熟悉关系无法阻止大量失信行为的发生。但信任和社会资本研究的理论家弗朗西斯·福山则认为，存在于熟悉群体中的信任至关重要，它是企业发展的原初动因。他认为，企业一般是由家庭手工作坊演化而来的，家庭手工作坊是现代大企业的雏形。“实际上，所有的经济体都是从家庭企业起步的，因为它们的内聚力是建立在早先存在的社会群体的道德和情感纽带上的，即使没有商业法和稳定的产权结构，家庭企业也能兴盛”（福山，2001）。这些基于特殊主义的信任，形塑着初期的经济交易模式，并逐渐发展成交易传统、习惯，约束着更大范围内交易的进行。市场内部所形成的诚信交易规则是市场外部诚信交易的基础。

二、集体选择对市场制度的供给

经营场地的变迁影响到经营秩序以及市场秩序。经营场地的变迁是集体选择的结果，集体选择的目的是实现群体利益，群体利益的实现是一个利益博弈的过程，同时也是一个制度变迁的过程。

首先，集体选择是在既有的制度框架内做出的。本研究的集体选择概念的内涵与奥尔森笔下的集体行动类似，是与群众运动相区别的集体选择。曾鹏在《社区网络与集体行动》一书中，把集体行动分为共意性集体行动和抗争性集体行动，并将他的主要关注点聚焦到抗争性集体行动上。抗争性集体行动与群众运动相类似，赵鼎新在《社会与政治运动讲义》一书中也对此作了深入研究，并提出了准制度化建设，以降低抗争性集体行动的破坏力，提高其建设力。此类集体行动的研究以释放社会压力为主，与本书研究的集体行动有较大差别。

本书研究的主要对象为经济组织内的集体行动，通过对集体行动的研究，透析市场制度的供给和市场秩序的变迁。但是，本书研究案例中的集体行动者，由于本身的自组织能力较弱，他们无法像奥尔森笔下的企业家集体一样，具备较高的理性程度和工于计算的能力。一定程度上，本书研究案例中的行动者，表现出了抗争性集体行动者的行动特征，在集体选择的过程中伴随着情绪性因素。

在利益博弈的过程中，不论是共意性集体行动还是抗争性集体行动，行动者都会采取一些行动策略，以求实现本集体的利益。这些行动策略实际上是一个制度变迁的过程，行动者通过改变利益分配的规则和行动原则来提升自身的利益和社会地位。只是在共意性集体行动中，行动者一般不会采取激进的博弈手段。关于利益博弈中集体选择的研究，近年来学者们提出了各种博弈模型，如吴同、文军提出的依法行动（吴同、文军，2010），董海军提出的以势博弈（董海军，2010），于建嵘在抗争性政治中提出的以法抗争（于建嵘，2010），朱建刚提出的以理抗争（朱建刚，2011）等。这些模型虽然大多是针对抗争性集体选择的研究，但其中一些温和的博弈模型，如以势博弈、以法抗争等，在经营者的行动模型中也可以看到。但无论如何，本研究案例中的集体选择，都是在既有制度框架内进行的。在没有遇到外界强制要求限期搬迁的情况下，采取温和的手段与其他市场参与主体进行利益博弈，维持经营秩序的稳定，对经营者来说是恰当的选择。

其次，关于改变制度的形式规则与实践原则的问题。集体选择是在现有的制度框架内进行的，但集体选择的原因却是现有的制度框架无法满足经营者的利益需求。关于制度研究的经典文献一般将制度分为正式制度和非正式制度。其中，正式制度多指理性设计的、明文规定的制度，因此是一种形式制度。正式制度能否落实，其执行是否有效率，还要看它跟非正式制度的耦合程度。作为非正式制度的实践原则，有些是被伦理、习俗所规定的，有些是在合法与非法之间，属于比正式制度更有效率的行为方式，但却没有得到正式制度的“形式认同”。经营者要改变他们与政府、开发商三者之间的利益结构，让政府和开发商更多地为经营者的利益服务，就必须要突破现有的被某些经营者认为是不合理的制度设计。但正式制度的设计一般都是自上而下的，而且是个缓慢的过程，如果由经营者去改变这些规则，成本是极高的，从时间上来说也具有滞后性。不论从眼前利益还是从长远利益来看，不是迫不得已，经营者都缺乏激励去改变这些形式规则，在他们看来，最为现实的、可行的方式是改变制度的实践原则。

汪和建在对中国单位组织中自我行动逻辑的研究证明，“当面对正式制度的无效时，中国人并不是去组织某种反制度的集体行动，而是会采取某种权宜性的关系行动，以最小成本谋求自己处境的改善”（汪和建，2006）。正式制度在执行的过程中，为了保证因地制宜与因时制宜，一般都会有一定的弹性规定，这为制度执行中的“变通”提供了可能性。经营者在制度变迁的过程中，不去改变正式的形式规则，而是在实践中，通过关系行动和博弈，逐步改变制度的实践原则，从而形成一种新的“制度传统”。虽然不一定能够直接促使正式制度的改革与变迁，但相对而言，非正式制度上的“创新”要比正式制度的创新简单得多，分散的经营者在“创新”过程中的成本和风险也较低，是一种切实可行的策略。

以上两点主要介绍了集体选择对制度供给上的特征，是一种相对温和的、以非正式制度的创新和变迁为特征的自下而上的制度变通。在集体选择的过程中并没有出现大量的违法行为，没有明显的“体制外抗争”的现象。从制度创新和制度供给的结果来看，集体选择在制度方面的贡献主要有以下几点：

一是自治组织、商会的制度创新。谈及市场制度，人们最经常提及的是国家制定的制度和企业制定的制度，在此基础上，学界发展出了内容各异的国家理论和企业理论，除此之外，还应该有自主治理的理论。奥斯特罗姆的公共事务治理之道给我们提供了丰富的自主治理的案例以及治理规则（奥斯特罗姆，2000）。关于目前商业企业等行业协会的研究资料也证明了自主治理理论对制度供给和经济发展的重要作用（余晖，2002）。经营者需要把自己组织起来，才能有效整合各种资源，与其他利益主体进行博弈。如何才能把自己组织起来？按照奥斯特罗姆的说法，“首先是看增加自主组织的初始可能性，然后是增强自主组织的能力”（奥斯特罗姆，2000）。

本书研究案例中的经营者，前后经历了两次搬迁，但第一次搬迁是政府部门的决策，经营者没有参与到选择的过程中去。搬迁之后虽然建立了商会，但彼时的商会是由政府主导的，目的是满足市场经济发展的“合法性”要求，以及与全国范围内的行业协会、自治组织成立之风相一致。换句话说，当时的经营者被强迫搬迁进入经营场地，尚未具备自主治理的意识，在以后的日常经营中，虽然面临诸多问题需要集体决策，但自治组织的“初始可能性”已经被侵蚀，经营者只是依靠自己的熟悉关系在小群体内进行决策，没有大规模的集体协商，自治组织也名存实亡。而新的备选方案出现以后，在开发商的带动下，自治组织重新建立起来，并且很快完善了制度规则，围绕着搬迁还是不搬、物流安全、汽配会的召开等问题召开会议，多次探讨并组织其他系列活动对商会、市场进行宣传，不但在组织形式上，而且在实质行动上，逐步提高了经营者的自组织能力，为以后市场竞争能力的提高和市场秩序的完善，或者说，为真正意义上的“市场升级”打下了基础。

二是市场准入制度与品牌资源的保护。以往的经营中，也经常有经营者抱怨市场准入门槛太低，“在这个市场的边边角角，随便整个十来平方米的小门面，凑个两三万块钱，就能开个店”，但作为经营者，他们无权干预其他经营者的加入。直到新市场开业，随着租金的降低和铺面数量的增多，更多的经营者加入了新市场，市场准入门槛变得更低。

一旦加入这个成熟的市场，就可以享受市场的客户资源和品牌资源，但市场信誉受到市场中广泛存在的假冒伪劣产品和短期交易行为的影响。虽说没有严格的证据表明这些影响市场声誉的行为是新加盟者带来的，但在经营者眼里，他们不愿意新的经营者进入市场打破竞争格局，他们不愿意与新加盟的经营者共享客户资源，这也是许多经营者不选择在短期内搬迁的原因。旧市场已基本饱和，新市场却有大量的铺位空余，此时搬入新市场与他们提高市场准入门槛的愿望背道而驰；相反，如果暂时不搬迁，则可以“考验”一下在新市场刚刚开张营业的经营者的生存能力。目前市场的经营业户数量和新市场的商铺数量之比接近1∶4，盲目的加盟新市场会增加恶性竞争的可能性。

作为一个自由竞争的市场，目前还没有制度规则出台限制市场准入，经营者自发地“抵制”某些新加盟者，不想与他们分享市场人气，也只是一种非正式的手段。虽然在调研中发现有些经营者想通过经营规模、经营时间长短等因素来限定商会的入会条件，商会本身也提出了以诚信经营等目标来考察经营者入会的合法性，但在那些提出申请加入商会的经营者中，还没有人被拒绝。因此，对市场准入门槛的提高不可能做硬性规定，这有违市场经济的原则。经营者只有从提高自身品牌的知名度上来与其他经营者区分，搭上开发商宣传市场的“便车”，在各种汽配商会展览和《汽配商情》等专业杂志上宣传自己，并动员商会、开发商不断进行区域品牌资源的宣传与保护，对内自我监督，对外加强宣传，提高市场和具体厂家的知名度。

三、集体选择中的熟悉关系与市场诚信建设

集体选择的目标是公共资源的获取，但公共资源难以分割，这就不可避免地会出现搭便车现象。不论是采用来自集体内部的自我监督，还是赏罚分明的外部监督，都要付出大量的监督成本。相对而言，交往实践中的熟悉关

系可以提供伦理、道德上的约束，提高信任度，有效减少搭便车现象，但它又受到群体规模的限制。随着市场经济的发展，陌生化、标准化的原则已经成为经济领域的普遍原则，“公地悲剧”也因此被视为不可避免的现象，认为除非在多次博弈中，诚信才会出现，而如果面对的是最后一次博弈，欺诈不可避免。网络研究的代表人物格兰诺维特认为，关于市场诚信建设中的“过度社会化”和“社会化不足”两条路径都不可取，诚信存在于关系之中，是在交往互动中产生的。这种“个人关系创造出来的信任，是真实信任，而不是威廉姆森所认为的计算性信任”（罗家德，2007）。市场经营中的熟悉关系之所以重要，在于它可以有效解决搭便车问题。“一个人的关系广泛程度、在关系网络中的位置，以及社会影响与社会压力都可以有效解决搭便车问题，而不是像理性选择学派那样设计制度，使得搭便车的成本大于收益”（格兰诺维特，2007）。事实上，在市场经济与公共管理中，行动者交往互动的实践都是控制短期行为和搭便车的重要形式。

首先，市场经济的“脱嵌”之势是近代短期内形成的，长期以来，经济行动作为社会行动的一种，嵌入于社会网络和熟悉关系之中。波兰尼在《大转型》中认为，嵌入与脱嵌分别是传统社会和现代社会的代表性特征，事实上，即便是在现代经济中，市场交易的规则也同样是嵌入的，只是嵌入的程度有所不同，经济因素与非经济因素共同发挥作用。这也是近年来经济问题研究中较为重视习俗、惯例、道德等非经济因素的原因。以普遍化、理性化、标准化为特征的市场交易极大地丰富了人们的物质生活，带来了经济上的进步，同时市场交易的原则也开始向人类生活的其他领域扩张。在学术界，经济学也大有“帝国主义扩张”之势。贝克尔曾说，经济学已经进入第三阶段：“在第一阶段，人们认为经济学仅限于研究物质资料的生产和消费结构，即传统市场学；到了第二阶段，经济理论的范围扩大到全面研究商品现象，即研究货币交换关系；今天，经济研究的领域业已囊括人类的全部行为及与之有关的全部决定（贝克尔，2008）。传统社会学领域的研究也受到这种“经济学帝国主义”的侵蚀。社会学中的交换理论，如霍曼斯等人的研究，虽然承认社会交换与经济交换的区别，但在相当程度上，还按"投入—回报""成本—收益"原理进行计算，只是信誉、地位等因素因为自身的不可货币化特征，使得社会交换比经济交换要复杂而已。以科尔曼为代表的理性选择理论，更是把追求个人利益最大化作为研究的基本假设和出发点。但无论如何，我们不应该忽略熟悉关系、传统习惯、伦理道德在市场经济中发挥的作用，正如韦伯所说，"即使在行为不断理性化的情况下，传统取向的因素仍具有相当的重要性。人的寻找食物的本能和传统的习俗与记忆都构成了理性经济行为的源头"（韦伯，2006）。虽然中国社会已经开始了从传统向现代的转型，但在商品市场的经营者那里，经济经营与日常生活并未完全分离，熟悉社会中形成的道德原则仍然支配着他们的市场行为。

其次，熟悉关系可以提供道德约束，提高交易的透明度，以此来提高市场诚信水平。传统的行为规则、习俗并不是市场经济的残余，而是以其特有的形式发挥着重要的作用。尤其在中国这样的国家，关系占据了相当重要的地位，尽管受到市场经济的冲击，传统社会中人们的交往习惯、伦理道德在市场经济中仍然起到作用。通过对20世纪八九十年代的关系的研究，杨美惠认为，关系的三个特征分别是：熟悉或亲近、可信赖性、互惠的义务，其中以第三个为最重要的特征（边燕杰，1997）。互惠的义务使熟悉群体内的经济交易同时受到理性的制约与互惠的制约，行动者会为了维持关系的继续而约束自己的行为，尽量避免欺诈性交易和短期行为。熟悉关系可以有效促进市场诚信，这主要是从道德基础层面进行的，事实上，熟悉群体所起的作用，远远超出伦理约束之外。从消除信息不对称的角度来看，熟悉关系可以提高交易的透明度，从而进一步提高市场交易中的信任水平。本研究指出，信息的传递主要有两种类型：一种是自上而下的线性传递，另一种是熟悉群体中的信息传递。纵然格兰诺维特的关系网络理论认为，弱连接能够提供异质性强的、更为有用的信息，但在商品市场中，熟悉关系，尤其是朋友关系、亲戚关系等强关系更有可能为经营者的经营决策提供准确的信息。这些熟悉关系可以有效降低市场经营中的信息不对称，从对货源的把握、对同行业其他竞争者的营业状况的把握来看，经营者除了相互之间的观察和模仿之外，多数情况下是通过熟悉关系来“打听消息”，并以此为据，做出经营决策。此外，汽车配件市场的经营者，相当程度上是分散的、规模化专业化程度不高的经营者，或者说，规模化的经营者也大多是从家庭经营、个体户经营等方式发展而来的，因此，经营过程中的理性化程度并不高，面对市场风险，经营者习惯于依靠熟悉关系以及自己或他人的经营经验做出决策。这些习惯、经验具有感性特征，是在日常交往实践中逐步获得的，容易得到经营者的信任。这就决定了其他市场参与主体的行为，如政府部门的搬迁决策、开发商的营销手段，要想取得效果，就必须依靠熟悉关系进行信息传递。

四、集体选择的效率

集体选择是目前的市场经济和市场秩序中的一种客观存在。当生产者、经营者面临共同的问题时，为了推进集体利益的实现，集体选择是必然的，这可以表现在为了保护区域品牌资源而做的努力，为了游说公共政策而采取的行动，为了防止恶性竞争而采取的措施等。本书研究案例中，商品市场经营者的集体搬迁是一种典型的集体选择行为。通过集体决策，经营者决定在哪个市场开业经营，这实质上是对市场硬件设施、市场人气、管理水平、租金、铺面产权投资、市场管理费用、税收及其他政策等不同元素进行偏好排列组合的过程。

面对市场搬迁等问题时，集体选择是最适用的方式，它可以有效降低个体选择的盲目性，在交往互动中增加对个体有效获益途径的理性认识。在与其他市场参与主体的利益博弈中，通过提高自组织能力，可以提升经营者整体的市场地位和社会地位，实现群体性利益。但是，集体选择的实现，依赖于经营者自身的素质、自组织能力以及外界的生存状况。在本书研究的案例中，经营者经过长期的日常经营实践，已经具备了稳定的熟悉关系网络和内部市场，相对而言，自组织能力较强，在开发商的动员下成立了自治组织，为集体选择的实现提供了初始条件。从外部生存环境来说，在经营者由旧市场搬往新市场的过程中没有外部的强制力量，给了经营者一个时间上的缓冲，也为经营者展开策略性行动提供了可能性。

另外，集体选择和集体决策是一个交往互动的过程，成功的集体选择除了能够提高经营者的群体利益、供给市场制度之外，还可以加强经营者群体内部的联系，活跃市场内部交易，提高群体内聚力和社会认同水平，这从另一个方面保证了集体选择的效率。

从选择的性质来说，本书研究案例中，面对“移地升级”的集体选择是一种被动选择，是经营者对权力化市场造成的后果的一种被动反应，因此，此类集体选择的成本相对其他集体选择要更高一些。像其他集体选择一样，选择的过程需要不断沟通、博弈，这本身就是一个需要付出成本的过程，除此之外，“移地升级”带来的备选方案是既定的，是政治权力与开发商利益联袂之后的结果，这就限定了经营者在选择过程中的弱势地位，如果再面临外界的强制，集体选择或者无法继续，或者将以更为剧烈、急迫的形式进行，不论哪种，都会对经营秩序造成极大破坏。从此种意义上说，“移地升级”中的集体选择并不具备稳定的选择效率。如果搬迁由政府部门强制执行，经营者为了保全经营活动的继续和维持稳定的市场秩序，就不得不妥协，服从行政命令，建立在自主基础上的集体选择也就不复存在。因此，本研究关于经营者的策略性行动及群体利益的实现是建立在特有的案例基础之上的，集体选择的过程和结果也是建立在特有案例基础之上的，研究结论是否具有普适性还有待检验。近年来，作为“旧城改造”的一部分，各类商品市场的整体搬迁屡见不鲜，其中既有成功的案例，也不乏失败的教训，在某些地区，甚至还由于经营者的集体反对而引发了突发性群体事件。与其他地区的整体搬迁相比较，至少有两个方面的原因促成了本研究案例中经营者集体选择的顺利进行和群体利益的实现：其一是本次搬迁风波属于“搬迁”而不是“拆迁”，目前的经营场地并不处于“市中心”，其“可资利用的价值”尚未被发掘出来，因此，没有受到更强烈的、非拆不可的干预，经营者尚有选择的余地。其二是本案例中，两个经营场地相距不足5公里，距离上的便利为经营者的策略性行动提供了方便，例如，“两边同时经营”的策略并没有大幅度增加经营成本，一些经营者坦言，即便是将其中一边的铺面作为仓库，在一定时期内，也是合算的并可以接受的。而另外一些商品市场的整体搬迁，往往相隔几十公里，这就失去了一项极为重要的便利条件。

结　语

本书围绕“移地升级”的案例展开研究，研究的核心问题是经营者如何通过集体选择的方式促进市场的持续繁荣。商品市场的繁荣既要有“场”的建设，又要有“市”的管理，因此，它的繁荣除了经营者的共同努力之外，还离不开政府部门和开发商的作用。政治权力、市场权力和社会权力共同作用于市场秩序，决定着经营场地的变迁和市场繁荣的实现。

一方面，政府干预市场是一种实然性存在。在市场经济条件下，政府部门有其自身的利益诉求，既要追逐城市土地的商业价值又要打造区域品牌市场；它既是“移地升级”事件的推手，又是稳定市场秩序、保护市场品牌的倡导者。开发商利益集团通过对商业楼盘的建设与管理介入到经营者的经营活动中，影响着经营绩效。经营者群体利益的实现正是在权力与利益之网中进行的，是在与政府部门的政治权力和开发商的市场权力的冲突中实现的。另一方面，集体利益的实现还需要权力之间的协作。如果缺乏政治权力、市场权力与社会权力之间的协作，只有社会权力的作用，市场建设和市场管理将无法完成，市场繁荣的目标最终也难以实现。

经营者的集体选择依靠社会权力的力量实现，社会权力是蕴含在熟悉关系之中的认同力量和一致行动能力。熟悉关系与合作带来经营者之间更充分的交流和讨论，基于实现市场的持续繁荣和集体选择的目标，经营者逐步将自己的经营身份与投资身份分离开来，搬迁与否的首要决定因素已经不再是产权铺面。换句话说，随着交流讨论的展开和合作博弈的增加，在促进市场持续繁荣、维护经营者群体利益的具体方式上，经营者的偏好排序发生改变，产权铺面不再是决定性因素。于是，社会权力开始围绕市场品牌资源的保护、市场硬件及管理水平的提高、经营资源及优惠政策的获得等问题展开与政治权力和市场权力的博弈，促进政府部门和开发商为经营者的共同利益服务。

商品市场中的集体选择，从理性化程度上看，受经营者的分散性、小规模化的影响，其选择过程并不像奥尔森笔下的企业家那样具备高度理性化特征。相反，集体选择受熟悉关系的影响，熟悉关系中的传统习惯、伦理要求、道德责任等非经济因素制约着选择行为的展开，集体选择呈现明显的感性特征。这不仅表现在集体选择的过程中，而且表现在制度变迁的方式上，制度的变革并不是理性化、形式化的制度设计，而是变通式、适应性的变革。此外，日常经营活动的顺利进行必须要有相对稳定的秩序，为了保证营业，经营者一般不愿采取较为激进的集体行动手段和动员措施，集体选择是在相对温和的条件下进行的。

熟悉关系在集体选择中发挥着重要作用。根据不同特征，经营者的熟悉关系可以分为普通熟悉关系和在市场经营中逐步形成的"共生—依存"关系，其中，普通熟悉关系的行为原则强调伦理义务、道德责任，"共生—依存"关系可以促进市场内部交易的进行，活跃市场内部。两类熟悉关系都有助于市场诚信建设，有助于经营者之间偏好的整合与认知的统一，在集体选择的过程中提高信任水平，促进合作，提高选择的效率。

集体选择之所以会出现，很大程度上是因为目前的市场制度损害了某一市场参与主体的利益，市场制度的不适宜激励他们采取共同的行动。集体选择的过程中，经营者的自组织能力得以提高，行业协会等自律组织的制度得以确立。通过与开发商、政府部门的利益博弈，经营者逐步确立了保护区域品牌资源、争取政策支持的方法和模式。但是，市场制度的变迁具有滞后性，自下而上的改变正式制度是一个成本高昂的过程，为了节约成本，经营者往往不会寻求正式制度的直接变革，而是通过关系行动创造一种既不违反正式制度规定又能增加自身利益的行为规则，引导非正式制度的变迁，最终形成稳定的制度机制并获得合法性。

此外，本研究中所体现出来的经济发展过程中权力之间的冲突、习俗与经济、市场内部交易规则的作用等问题值得我们进一步展开研究。

首先，本研究把政治干预作为经济发展过程中的一种实然性存在，肯定了政治权力干预经济发展的事实之后，便是如何干预的问题。实际上，除了实然性之外，有关政治权力是否应该干预经济发展、应该在何种程度上干预经济发展的争论也一直持续着。不论是应不应该干预还是怎样干预，政治权力的干预强度与经济发展的关系在多数研究者眼里都是此消彼长的。随着经济发展的周期性，政治权力对经济自由放任的程度或者说干预的程度呈摇摆趋势和阶段性特征。目前，中国市场经济发展中的政治干预较为强烈，有人认为这种干预阻碍了市场经济的自由发展，政治干预应该最小化。有人认为市场秩序尚不完善，应该加强干预的力度，倡导诚信交易。此外，按照公共选择理论，政治权力作为一个独立的实体，具有自身的利益诉求，其干预的结果是否有利于经济发展还有待检验。

笔者认为，解决政治干预与经济发展摇摆的一个重要举措是促进自治组织的发展，需要在政治权力与经济发展之间寻求第三方力量。自治组织一方面可以提高自主进行经济治理的能力，防止政治干预的不恰当，对权力化市场进行反击；另一方面通过参加自治组织的一些活动，处于同一个场域中的经营者有机会相互熟悉，在竞争中加强合作，提高信任水平，促进市场秩序的有序运行，从而减少政治干预的必要性。自治组织是一股重要力量。但是，目前的自治组织生存较为困难，以往对自治组织的研究要么强调自下而上的民间自发性，要么强调自上而下的政府培植作用。本书研究的案例证明，专业性开发商介入市场管理，帮助经营者成立自治组织，对业内资源进行整合，可以说是提高经营者自治组织能力的一条有效途径。

其次，关于习俗、管理与经济发展。熊彼特在他的经济发展理论中把习俗描述为阻碍经济发展的因素，在他看来，经济行为是不断循环重复的，久而久之，便失去了自我省察的能力。为了打破习俗，行动者需要新的知识，要抵挡得住惯例的束缚作用。“企业家是这一类行动者的代表，习俗只会阻碍创新”（熊彼特，2007）。但是熊彼特没有看到习俗的另一面：维持秩序的稳定性。经营者在日常经营实践中积累了丰富的经验，行动者并不需要每一步都精心计算，而是把有些行为惯例化，理所当然地按照习俗、惯例去做。这些“理所当然”的决策依据可以成为行业标准（Standard Conventions）和规范性的习惯（Habitual Conventions）（Nicole Woolsey Biggart and T. D. Beamish，2003），从而形成自发秩序。一旦上升为行业标准，习俗和惯例就可以制度化并发挥控制作用，这种控制作用要比单纯的节约交易成本更为关键。弗雷格斯坦的控制理论正是建立在人们对行为标准认同的基础之上的。因此，对习俗与惯例的研究不应该只停留在降低交易费用和提供共同理解的背景这一层面，还应该看到它在连接微观与宏观市场过程中的重要性。惯例理论把市场看作行动者相互协调、不断抽象化的逐步升级过程，对习俗和惯例的结构和用途进行研究可以补充制度理论和网络理论。

最后，市场内部交易以熟悉关系为基础，注重交易的伦理义务与道德责任，它可以促进经营者之间的合作，提高信任水平，活跃市场内部。在市场内部中，“个别单位不是自我生存，而是与其他单位联结而生存”（Powell，1991），广泛展开的竞争与合作可以促进内部行业资源的整顿，提高整个市场和产业群体的层次水平，从而真正实现“小商品、大市场”的格局。

参考文献

一、专著

［1］阿马蒂亚·森．理性与自由［M］．李风华，译．北京：中国人民大学出版社，2006.

［2］阿马蒂亚·森．集体选择与社会福利［M］．胡的的，译．上海：上海科学技术出版社，2004.

［3］阿马蒂亚·森．以自由看待发展［M］．任赜，译．北京：中国人民大学出版社，2002.

［4］奥尔森．集体行动的逻辑［M］．陈郁，译．上海：上海人民出版社，1995.

［5］奥尔森．国家的兴衰：经济增长、滞涨和社会僵化［M］．李增刚，译．上海：上海人民出版社，2007.

［6］奥尔森．权力与繁荣［M］．苏长和，译．上海：上海人民出版社，2005.

［7］奥斯特罗姆．公共事务的治理之道：集体行动制度的演进［M］．余逊达，译．上海：三联书店，2000.

［8］奥斯特罗姆．公共服务的制度建构：都市警察服务的制度结构［M］．宋全喜，译．上海：三联书店，2000.

［9］奥斯特罗姆．制度激励与可持续发展：基础设施政策透视［M］．陈幽泓，译．上海：三联书店，2000.

［10］边燕杰．市场转型与社会分层：美国社会学者分析中国［M］．上海：三联书店，2002.

[11] 边燕杰. 关系社会学：理论与研究［M］. 北京：社会科学文献出版社，2011.

[12] 贝克尔. 人类行为的经济分析［M］. 王业宇，等，译. 上海：格致出版社，2008.

[13] 波兰尼. 大转型：我们时代的政治经济起源［M］. 冯钢，等，译. 杭州：浙江人民出版社，2007.

[14] 波普诺. 社会学［M］. 李强，等，译. 北京：中国人民大学出版社，2007.

[15] 布迪厄，等. 实践与反思：反思社会学导引［M］. 李猛，等，译. 北京：中央编译出版社，1998.

[16] 布劳. 社会生活中的交换与权力［M］. 李国武，译. 北京：商务印书馆，2008.

[17] 丹·艾瑞里. 怪诞行为学［M］. 赵德亮，等，译. 北京：中信出版社，2008.

[18] 道格拉斯·诺斯. 经济史上的结构与变革［M］. 厉以平，译. 北京：商务印书馆，2009.

[19] 道格拉斯·诺斯. 制度、制度变迁与经济绩效［M］. 刘瑞华，译. 上海：三联书店，1994.

[20] 邓宏图. 理性、偏好、意识形态与社会演化——转型期中国制度变迁的经济史解释［M］. 北京：经济科学出版社，2009.

[21] 迪马奇奥，等. 组织分析的新制度主义［M］. 姚伟，译. 上海：上海人民出版社，2008.

[22] 董海军. 塘镇：乡镇社会的利益博弈与协调［M］. 北京：社会科学文献出版社，2008.

[23] 费孝通. 乡土中国［M］. 上海：上海人民出版社，2007.

[24] 弗雷格斯坦. 市场的结构：21 世纪资本主义社会的经济社会学［M］. 甄志宏，译. 上海：上海人民出版社，2008.

［25］弗朗西斯·福山. 信任：社会美德与创造经济繁荣［M］. 彭志华，译. 海口：海南出版社，2001.

［26］弗朗西斯·福山. 大分裂：人类本性与社会秩序的重建［M］. 刘榜离，王胜利，译. 北京：中国社会科学出版社，2002.

［27］格兰诺维特. 镶嵌：社会网与经济行动［M］. 罗家德，译. 北京：社会科学文献出版社，2007.

［28］格兰诺维特. 找工作：关系人与职业生涯的研究［M］. 张文宏，等，译. 上海：上海人民出版社，2008.

［29］郭道晖. 社会权力与公民社会［M］. 北京：译林出版社，2009.

［30］哈耶克. 致命的自负［M］. 冯克利，等，译. 北京：中国社会科学出版社，2000.

［31］哈耶克. 个人主义与经济秩序［M］. 邓正来，译. 上海：三联书店，2002.

［32］何俊志，等. 新制度主义政治学译文精选［M］. 天津：天津人民出版社，2007.

［33］卡普费雷. 谣言［M］. 郑若麟，译. 上海：上海人民出版社，2008.

［34］卡尼曼，斯洛维奇，特沃斯基. 不确定状况下的判断：启发式和偏差［M］. 方文，译. 北京：中国人民大学出版社，2008.

［35］凯恩斯. 就业、利息与货币通论［M］. 魏埙，译. 西安：陕西人民出版社，2006.

［36］康芒斯. 制度经济学［M］. 赵睿，译. 北京：华夏出版社，2009.

［37］康芒斯. 集体行动的经济学［M］. 朱飞，等，译. 北京：中国劳动社会保障出版社，2010.

［38］卡尔曼. 社会理论的基础（上、下）［M］. 邓方，译. 北京：社会科学文献出版社，2008.

［39］勒庞. 乌合之众：大众心理研究［M］. 冯克利，译. 北京：中央

编译出版社，2004.

［40］梁漱溟. 中国文化要义［M］. 北京：学林出版社，［1949］1987.

［41］林南. 中国研究如何为社会学理论做贡献［A］. 王咏，译//周晓红. 中国社会与中国研究［M］. 北京：社会科学文献出版社，2004.

［42］刘能. 等级制和社会网络视野下的乡村行政：北镇的个案研究［M］. 北京：社会科学文献出版社，2008.

［43］刘少杰. 后现代西方社会学理论［M］. 北京：社会科学文献出版社，2002.

［44］刘少杰. 经济社会学的新视野：理性选择与感性选择［M］. 北京：社会科学文献出版社，2005.

［45］流心，常姝. 自我的他性：当代中国的自我系谱［M］. 上海：上海人民出版社，2005.

［46］刘世定. 占有、认知与人际关系：对中国乡村制度变迁的经济社会学分析［M］. 北京：华夏出版社，2003.

［47］卢曼. 信任：一个社会复杂性的简化机制［M］. 瞿铁鹏，李强，译. 上海：上海人民出版社，2005.

［48］罗伯特·希勒. 非理性繁荣［M］. 易宪容，译. 北京：北京大学出版社，2006.

［49］罗伯特·希勒，阿克洛夫. 动物精神［M］. 黄志强，徐卫宇，译. 北京：中信出版社，2009.

［50］罗家德，叶勇助. 中国人的信任游戏［M］. 北京：社会科学文献出版社，2007.

［51］马尔科姆·卢瑟福. 经济学中的制度：老制度主义和新制度主义［M］. 陈建波，等，译. 北京：中国社会科学出版社，1999.

［52］马克斯·韦伯. 经济与社会［M］. 林荣远，译. 北京：商务印书馆，2006.

［53］马克斯·韦伯. 韦伯作品集Ⅳ：经济行动与社会团体［M］. 康乐，

简惠美，译．桂林：广西师范大学出版社，2004.

［54］莫洛·F．纪廉．新经济社会学：一门新兴学科的发展［M］．姚伟，译．北京：社会科学文献出版社，2006.

［55］莫里斯·缪勒．社会运动理论的前沿领域［M］．刘能，译．北京：北京大学出版社，2002.

［56］沈原．市场、阶级与社会：转型社会学的关键议题［M］．北京：社会科学文献出版社，2007.

［57］史蒂芬·列维特，史蒂芬·都伯纳．魔鬼经济学［M］．刘祥亚，译．广州：广东经济出版社，2007.

［58］施里特．习俗与经济［M］．秦海，杨煜东，张晓，译．长春：长春出版社，2005.

［59］斯科特．弱者的武器：农民反抗的日常形式［M］．郑广怀，译．南京：译林出版社，2007.

［60］斯科特．农民的道义经济学：东南亚的反叛与生存［M］．程立显等，译．南京：译林出版社，2001.

［61］斯梅尔瑟，斯维德伯格．经济社会学手册［M］．罗教讲，等，译．北京：华夏出版社，2009.

［62］斯维德伯格．经济社会学原理［M］．周长城，等，译．北京：中国人民大学出版社，2005.

［63］斯维德伯格．马克斯·韦伯与经济社会学思想［M］．何蓉，译．北京：商务印书馆，2007.

［64］宋亦平，等．顾客为什么会忠诚：关系利益视角的研究［M］．上海：上海人民出版社，2010.

［65］王朝晖．证券市场投资者群体行为研究［M］．北京：经济科学出版社，2009.

［66］吴锡安，俞可平．当代西方国家理论述评［M］．西安：陕西人民出版社，1994.

[67] 姚伟. 关系网络、制度结构与经济绩效：一项关于企业集群的经济社会学分析 [M]. 成都：四川大学出版社，2009.

[68] 亚当·斯密. 国富论 [M]. 郭大力，王亚南，译. 上海：三联书店，2009.

[69] 杨光斌. 制度的形式与国家的兴衰 [M]. 北京：北京大学出版社，2005.

[70] 熊彼特. 财富增长论——经济发展理论 [M]. 李默，译. 西安：陕西师范大学出版社，2007.

[71] 张宏伟. 长春汽车经济贸易开发区志 [M]. 长春：长春人民出版社，2006.

[72] 泽利泽尔. 亲密关系的购买 [M]. 姚伟，刘永强，译. 上海：上海人民出版，2009.

[73] 曾鹏. 社区网络与集体行动 [M]. 北京：社会科学文献出版社，2007.

[74] 赵鼎新. 社会运动与政治讲义 [M]. 北京：社会科学文献出版社，2006.

[75] 于建嵘. 抗争性政治：中国政治社会学基本问题 [M]. 北京：人民出版社，2010.

[76] 约翰·N. 德勒巴克. 新制度经济学前沿 [M]. 张宇燕，等，译. 北京：经济科学出版社，2003.

[77] 詹奈特·T. 兰达，王晓田. 经济人的有限理性：在生态的、社会的和制度的限制下做决策 [A]. 牛京辉，译//王中江. 新哲学（第八辑）[M]. 郑州：大象出版社，2008.

[78] 应星，晋军. 集体上访中的“问题化”过程 [A] //清华大学社会学系. 清华社会学评论特辑（第一辑）[M]. 郑州：鹭江出版社，2000.

[79] 余晖. 行业协会及其在中国的发展：理论与案例 [M]. 北京：经济管理出版社，2002.

［80］赵琼. 制度嵌入与关系嵌入：银行信贷交易的经济社会学分析［M］. 北京：社会科学文献出版社，2009.

［81］张仙锋. 网络欺诈与信任机制：基于交易链面向网上消费者的信任机制研究［M］. 北京：经济管理出版社，2007.

［82］张宇燕. 经济发展与制度选择：对制度的经济分析［M］. 北京：中国人民大学出版社，1992.

［83］郑也夫. 信任论［M］. 北京：中国广播电视出版社，2001.

［84］朱国宏. 经济社会学［M］. 上海：复旦大学出版社，1999.

［85］R. Axelrod. The Evolution of Cooperation［M］. New York：Basic Books，1984.

［86］B. Barry，R. Hardin. Rational Man and Irrational Society? An Introduction and Source Book［M］. London：Sage Publications，1982.

［87］D. Calhoun Forrest. Everyday Forms of Peasant Resistance［M］. New York：M. E. Sharpe，1989.

［88］Della Porta. Social Movements：An Introduction［M］. Oxford：Blackwell Publishers，1999.

［89］Firedman，McAdam. Collective Identity and Activism：Networks，Choices and the Life of a Social Movement［M］. New Haven：Yale University Press，1992.

［90］N. Fligstein. The Architecture of Market：An Economic Sociology of 21st Century Capitalism［M］. New Jersey：Princeton University Press，2001.

［91］Golfman. Frame Analysis［M］. Cambridge：Harvard University Press，1974.

［92］Heayk. The Sensory Order［M］. Chicago：University of Chicago Press，1999.

［93］John M Keynes. The General Theory of Employment，Interest and Money［M］. London：Macmillan，1936.

[94] Klandermans Bert. The Formation and Mobilization of Consensus [A] // B. Klandermans, et al. From Structure to Action [C]. Greenwich, CT: JAL Press, 1998.

[95] Niklas Luhmann. Trust: A Mechanism for the Reduction of Social Complexity [M]. New York: Wiley Press, 1979.

[96] McAdam Doug, John D. McCarthy, Mayer N. Zald. Comparative Perspectives on Social Movements: Political Opportunities, Mobilizing Structures and Cultural Framings [M]. Cambridge: 1996.

[97] V. Nee, P. Ingram, Embeddedness and Beyond: Institutions, Exchange, and Social Structure [A] // M. C. Grinton, V. Nee. The New Institutionalism in Sociology [C]. Stanford, Stanford University Press, 1998.

[98] Joel Podolny. Status Signal: A Sociological Study of Market Competition [M]. New Jersey: Princeton University Press, 2005

[99] R. Putnam. Making Democracy Work: Civic Traditions in Modern Italy [M]. New Jersey: Princeton University Press, 1993.

[100] Sandler. Collective Action: Theory and Applications [M]. Ann Arbor: University of Michigan Press, 1992.

[101] A. J. Talman. Micro Motives and Macro Behavior [M]. New York: W. W. Norton & Company, 1978.

[102] N. Uphoff. Local Institutional Development: An Analytical Sourcebook with Cases [M]. West Harford: Kumarian Press, 1986.

[103] Wasserman, Stanley, Katherine Faust. Social Network Analysis: Methods and Applications [M]. New York: Cambridge University Press, 1994.

[104] Yang, Mayfair Meihui. Gifts, Favors, and Banquets: The Art of Social Relationships in China [M]. Ithaca, NY: Cornell University Press, 1994.

二、期刊文章

[1] 臧得顺. 从波兰尼到格兰诺维特：“社会人”对“经济人”假设的

反拨与超越——兼议新经济社会学的最新进展［J］. 甘肃行政学院学报，2009（6）.

［2］董海军. 以势博弈：基层社会维权行为的新解释框架［J］. 社会，2010（5）.

［3］冯建华，周林刚. 西方集体行动理论的四种取向［J］. 国外社会科学，2008（4）.

［4］付平. 迈向市场社会学的综合范式：评弗雷格斯坦《市场的结构》兼议其范式修正［J］. 社会学研究，2010（2）.

［5］付平. 嵌入性：两种取向极其分歧［J］. 社会学研究，2009（5）.

［6］高春芽. 集体行动理论思想渊源探析［J］. 沈阳大学学报，2009（1）.

［7］龚长宇，郑杭生. 道德社会学的缘起管窥［J］. 学术界，2008（4）.

［8］宫哲元. 集体行动逻辑视角下的合作社原则的变迁［J］. 中国农村观察，2008（5）.

［9］郭景萍. 集体行动的情感逻辑［J］. 河北学刊，2006（2）.

［10］黄荣贵. 互联网与抗争行动：理论模型、中国经验及研究进展［J］. 社会，2010（2）.

［11］黄少卿，余晖. 民间商会的集体行动机制：对温州烟具协会应对欧盟打火机反倾销诉讼的案例分析［J］. 经济社会体制比较，2005（4）.

［12］黄岩. 脆弱的团结：对台兴工厂连锁骚乱事件的分析［J］. 社会，2010（2）.

［13］胡宜挺. 集团规模与集体行动的效果：国外相关研究综述［J］. 改革与战略，2009（1）.

［14］康胜. 产业群：基于社会网络的利益共同体与内部市场［J］. 杭州师范大学学报（社会科学版），2008（3）.

［15］李国武. 关系嵌入与加工户的合作行为：基于清河县羊绒分梳业的研究［J］. 吉林大学社会科学学报，2010（4）.

[16] 李怀，贺灵敏．集体行动的内部动员过程：硬强制动员与软强制动员 [J]．华中科技大学学报，2009（5）．

[17] 李凝紫．生产市场的结构：一项基于中国市场田野调查和工业普查数据的经验分析 [J]．社会学研究，2010（3）．

[18] 李文祥．从个人选择到社会选择的理论扩展：评阿马蒂亚·森《理性与自由》对理性选择研究的理论贡献 [J]．社会学研究，2008（3）．

[19] 李昕．集体行动的人类学阐释：以云南富民芭蕉箐基督徒为例 [J]．思想战线，2009（3）．

[20] 林南．地方性市场社会主义：中国农村地方法团主义世纪运行 [J]．国外社会学，1996（5）．

[21] 刘春荣．选举动员的框架整合：银杏居委会换届选举个案研究 [J]．社会，2010（1）．

[22] 刘能．中国乡村社区集体行动的一个理论模型：以抗交村提留款的集体行动为例 [J]．学海，2007（5）．

[23] 刘能．当代中国转型社会中的集体行动：对过去三十年间三次集体行动浪潮的一个回顾 [J]．学海，2009（4）．

[24] 刘少杰．中国社会转型中的感性选择 [J]．江苏社会科学，2002（2）．

[25] 刘少杰．理性选择研究在经济社会学中的核心地位与方法错位 [J]．社会学研究，2003（6）．

[26] 刘少杰．举步维艰的感性选择——东北老工业基地失业人员求职行为方式研究 [J]．学习与探索，2004（6）．

[27] 刘少杰．中国经济转型中的理性选择与感性选择 [J]．天津社会科学，2004（6）．

[28] 刘少杰．当代中国经济生活中社会选择方式的变迁：从社会选择方式变迁看当代中国经济生活中人与社会关系的转变 [J]．吉林师范大学学报，2004（5）．

[29] 刘少杰. 感性意识的选择性 [J]. 学海, 2005 (5).

[30] 刘少杰. 理性选择理论的形势缺失与感性追问 [J]. 学术论坛, 2006 (3).

[31] 刘少杰. 熟人社会存在的合理性 [J]. 人民论坛, 2006 (10).

[32] 刘少杰. 当代社会学的理性化反省与感性论转向 [J]. 中国人民大学学报, 2008 (3).

[33] 刘少杰. 陌生关系熟悉化的市场意义——关于培育市场交易秩序的本土化探索 [J]. 天津社会科学, 2010 (4).

[34] 刘玉照. 家庭经营的成本核算与经营决策: 以白洋淀塑料加工户为例 [J]. 社会, 2009 (2).

[35] 刘世定. 退“公”进“私”: 政府渗透商会的一个分析 [J]. 社会, 2010 (1).

[36] 罗倩文, 王钊. 社会资本与农民合作经济组织集体行动困境的治理 [J]. 经济体制改革, 2009 (1).

[37] 马得勇. 社会资本: 对若干理论争议的批判分析 [J]. 政治学研究, 2008 (5).

[38] 马彦丽, 林坚. 集体行动的逻辑与农民专业合作社的发展 [J]. 经济学家, 2006 (2).

[39] 皮建才. 忠诚与集体行动的实现: 以温州烟具协会的反倾销诉讼为案例 [J]. 南开经济研究, 2007 (4).

[40] 皮建才. 声誉与中国关系型社会中集体行动的实现 [J]. 山西财经大学学报, 2009 (1).

[41] 钱海梅. “合作共赢”与“集体行动逻辑”: 关于区域公共服务“猎鹿困境”的探讨 [J]. 学术界, 2009 (2).

[42] 倪志伟, 丽贝卡 · 马修斯. 国家社会主义改革中的市场过渡与社会转型 [J]. 国外社会学, 1998 (6).

[43] 石发勇. 关系网络与当代中国基层社会运动——以一个街区环保运

动个案为例［J］. 学海，2005（3）.

［44］孙来祥. 社会选择是永恒的难题吗：社会选择理论述评［J］. 北京大学学报，1986（6）.

［45］孙秀林. 城市移民的政治参与：一个社会网络的分析视角［J］. 社会，2010（1）.

［46］唐丽. 网络的生产［J］. 社会学研究，2003（5）.

［47］汤志桀. 新经济社会学的历史考察：以镶嵌的问题史为主轴（下）［J］. 政治与社会哲学评论（台湾），2009（30）.

［48］汪和建. 再访涂尔干：现代经济中道德的社会建构［J］. 社会学研究，2005（1）.

［49］汪和建. 自我行动的逻辑：理解“新传统主义”与中国单位组织的真实的社会建构［J］. 社会，2006（3）.

［50］汪和建. 自我行动与自主经营：理解中国人何以将自主经营当作其参与市场实践的首选方式［J］. 社会，2007（6）.

［51］王洪伟. 当代中国底层社会“以身抗争”的效度和限度分析：一个“艾滋村民”抗争维权的启示［J］. 社会，2010（2）.

［52］王建民. 经济秩序的变迁——对四种经济秩序的社会学分析［J］. 天津社会科学，2010（4）.

［53］王绍光. 大转型：1980年代以来中国的双向运动［J］. 中国社会科学，2008（1）.

［54］王建昌. 网络群体性事件：舆论生成与政府决策［J］. 中州学刊，2009（6）.

［55］王瑾. 西方社会运动研究理论述评［J］. 国外社会科学，2006（2）.

［56］王星. 调控失灵与社会的生产：以房地产业为个案及个案拓展. 社会，2008（5）.

［57］韦森. 个人主义与社群主义：东西方社会制序历史演进路径差异的

原因［J］. 复旦大学学报（社会科学版），2003（3）.

［58］吴长青. 从策略到伦理：对依法抗争的批评性讨论［J］. 社会，2010（2）.

［59］吴淼. 关系性交易范式的提出与应用范围［J］. 中国地质大学学报（社会科学版），2002（12）.

［60］吴梅，张忠勇. 个体与集体之争：兼论集体行动的逻辑悖论［J］. 理论与改革，2005（6）.

［61］吴同，文军. 自我组织与遵纪守法：工人依法维权的行动策略［J］. 社会，2010（5）.

［62］吴毅. “权力—利益的结构之网”与农民群体性利益的表达困境：对一起石场纠纷案例的分析［J］. 社会学研究，2007（5）.

［63］谢岳，曹开雄. 集体行动理论化谱系：从社会运动理论到抗争政治理论［J］. 上海交通大学学报（哲学社会科学版），2009（3）.

［64］刑虹文，等. 市场的社会建构与行动者的逻辑：对上海电视剧市场的研究［J］. 社会，2009（3）.

［65］徐建牛，孙沛东. 行业协会：集群企业集体行动的组织基础——基于对温州烟具协会的案例分析［J］. 浙江学刊，2009（1）.

［66］徐晓军，祝丽花. “弱组织”状态下乡村集体行动的产生逻辑：以鄂东某村艾滋病人的集体行动为例［J］. 青年研究，2008（10）.

［67］杨光斌. 奥尔森集体行动理论的贡献与误区：一种新制度主义的解读［J］. 教学与研究，2006（1）.

［68］杨灵. 社会运动的政治过程：评《美国黑人运动的政治过程和发展（1930—1970）》［J］. 社会学研究，2009（1）.

［69］杨玲丽. 新经济社会学是否该抛弃文化——文化嵌入的层次性［J］. 内蒙古社会科学，2010（3）.

［70］杨善华，苏红. 从“代理型政权经营者”到“谋利型政权经营者”——向市场经济转型背景下的乡镇政权［J］. 社会学研究，2002（1）.

[71] 杨正联. 小群体视野中的政治与社会：试析怀特小群体理论 [J]. 社会科学家，2004（2）.

[72] 叶建亮. "次品市场"是如何恢复为"正品市场"的？——温州皮鞋业从制假售假到创保品牌的案例研究 [J]. 浙江社会科学，2005（6）.

[73] 应小丽. 农民的集体行动逻辑与结果：以浙江省 H 村的一次选举事件为例 [J]. 学习与探索，2009（2）.

[74] 应星. "气"与中国乡村集体行动的再生产 [J]. 开放时代，2007（6）.

[75] 应星. 草根动员与农民群体利益的表达机制：四个个案的比较研究 [J]. 社会学研究，2007（2）.

[76] 余成普. 单位团体献血运作的过程与机制：以北京市 T 大学为个案 [J]. 社会，2010（2）.

[77] 于建嵘. 农民有组织抗争及其政治风险：湖南省 H 县调查. [J]. 战略与管理，2003（3）.

[78] 于建嵘. 当代中国农民的以法抗争：关于农民维权活动的一个解释框架 [J]. 文史博览：理论，2008（12）.

[79] 赵鼎新. 集体行动、搭便车理论与形式社会学方法 [J]. 社会学研究，2006（1）.

[80] 赵延东. 社会资本与灾后重建：一项自然灾害的社会学研究 [J]. 社会学研究，2007（5）.

[81] 郑杭生，杨敏. 社会与国家关系在当地中国的互构：社会建设的一种新视野 [J]. 南京社会科学，2010（1）.

[82] 郑杭生. 陌生人社会的裂痕黏合难题 [J]. 人民论坛，2009（18）.

[83] 郑卫东. 农民集体上访的发生机理：实证研究 [J]. 中国农村观察，2004（2）.

[84] 郑小勇. 行业协会对集群企业外生性集体行动的作用机理研究 [J]. 社会学研究，2008（6）.

［85］张林．制度主义中的凡勃伦—艾尔斯传统：文献综述［J］．制度经济学研究，2004（1）．

［86］周飞舟．生财有道：土地开发和转让中的政府和农民［J］．社会学研究，2007（5）．

［87］周海鸥．揭开社会选择的神秘面纱：从阿罗不可能定理到现代福祉经济学［J］．北京大学学报（哲学社会科学版），2005（5）．

［88］周红云．社会资本及其在中国的研究与应用［J］．经济社会体制比较，2004（2）．

［89］周雪光．一叶知秋——从一个乡镇的村庄选举看中国社会的制度变迁［J］．社会，2009（3）．

［90］朱建刚．以理抗争：都市集体行动的策略——以广州南园的业主维权为例［J］．社会，2011（3）．

［91］朱宪辰，李玉莲．异质性与共享资源的自发治理：关于群体性合作的现实路径研究［J］．经济评论，2006（6）．

［92］朱宪辰，李玉莲．领导、追随与社群合作的集体运动：行业协会反倾销诉讼的案例分析［J］．经济学（季刊），2007（2）．

［93］Andreas P. Kyriacou. Intrinsic Motivation and the Logic of Collective Action［J］. American Journal of Economics and Sociology, 2010（2）.

［94］Aumann, R. J. Subjectivity and Correlation in Randomized Strategies［J］. Journal of Mathematical Economics, 1974（1）.

［95］Avery. C. & P. Zemsky. Multi－dimensional Uncertainty and Herd Behavior in Financial Market［J］. American Economic Review, 1998（4）.

［96］Benford, Robert, D. An Insider's Critique of the Social Movement Framing Perspective［J］. Sociological Inquiry, 1997（4）.

［97］J. Beckert. What is Sociological about Economic Sociology? Uncertainty and the Embeddedness of Economic Action［J］. Theory and Society, 1996（6）.

［98］J. Beckert. Economic Sociology and Embeddedness［J］. Journal of Economic Issues, 2003 (3).

[99] Bian Yanjie. Bring Strong Ties Back in: Indirect Ties, Network Bridges, and Job Searches in China [J]. American Sociological Review, 1997 (3).

[100] Bimber, Bruce. Information and Political Engagement in America: The Search for Effects of Information Technology at the Individual Level [J]. Political Research Quarterly, 2001 (1).

[101] B. R. Binger, E. Hoffman. Institutional Persistence and Change: The Question of Efficiency [J]. Journal of Institutional and Theoretical Economics, 1989 (1).

[102] W. Blomquist. E. Estrom. Institutional Capacity and the Resolution of a Commons Dilemma [J]. Policy Studies Review, 1985 (2).

[103] Chan, K. S, S. Mestelman, R. Moir, R. A. Muller. Heterogeneity and the Voluntary Provision of Public Goods [J]. Experimental Economics, 1999 (2).

[104] Christopher Avery, Peter Zemsky. Multidimensional Uncertainty and Herd Behavior in Financial Markets [J]. American Economic Review, 1998 (4).

[105] R. Cornes, T. Sandler. On Commons and Tragedies [J]. American Economic Review, 1983 (4).

[106] DiMaggio, Paul. Social Implications of the Internet [J]. Annual Review of Sociology, 2001 (1).

[107] J. Elster. Rationality, Morality, and Collective Action [J]. Ethics, 1985 (1).

[108] Ennis, G. James, Richard Schreuer. Mobilizing Weak Support for Social Movements: The Role of Grievance, Efficacy and Cost [J]. Social Force, 1987 (2).

[109] Ethan Michelson. Lawyers, Political Embeddedness, and Institutional Continuity in China's Transition from Socialism [J]. American Journal of Sociolo-

gy, 2007 (2).

[110] J. Bendor, D. Ookherjee. Institutional Structure and the Logic of Ongiong Collective Action [J]. American Political Science Review, 1987 (1).

[111] J. S. Coleman. S. James. Free Rider and Zealots: The Role of Social Networks [J]. Sociological Theory, 1988 (1).

[112] Neil Fligstein. Market as Politics: Political – Cultural Approach to Market Institutions [J]. American Sociological Review, 1996 (4).

[113] Gerald Marwell, Ruth Ames. Experiments on the Provision of Public Goods, Resources, Interests, Group Size and the Free – Rider Problem [J]. The American Journal of Sociology, 1979 (6).

[114] A. Greif. Cultural Beliefs and the Organization of Society: A Historical and Theoretical Reflection on Collectivist and Individualist Societies [J]. Journal of Political Economy, 1994 (5).

[115] M. Grannovetter, R. Soong. Threshold Model: Interpersonal Effects in Consumer Demand [J]. Journal of Economic Behavior and Organization, 1986 (1).

[116] Harris H. Kim. Market Uncertainty and Socially Embedded Reputation [J]. American Journal of Economics and Sociology, 2009 (3).

[117] Henrik Egbert. Business Success through Social Networks? A Comment on Social Networks and Business Success [J]. American Journal of Economics and Sociology, 2009 (3).

[118] H. Schmitz. Collective Efficiency: Growth Path for Small – Scale Industry [J]. The Journal of Developmental Studies, 1995 (4).

[119] B. Klandermans. Potentials, Networks, Motivations and Barriers: Steps toward Participation in Social Movements [J]. American Sociological Review. 1987 (4).

[120] V. E. Lambson. Dynamic Behaviour in Large Markets for Differentia-

ted Products [J]. Review of Economic Studies, 1987 (2).

[121] G. Marwell, P. E. Oliver. A Theory of the Critical Mass [J]. American Journal of Sociology, 1985 (2).

[122] G. Marwell, P. E. Oliver. The Paradox of Group Size in Collective Action: A Theory of the Critical Mass Ⅱ. [J]. American Sociological Review, 1988 (1).

[123] P. E. Oliver. Formal Models of Collective Action [J]. Annual Review of Sociology, 2003 (1).

[124] E. Ostrom. A Behavioral Approach to the Rational Choice Theory of Collective Action: Presidential Adress, Amercian Political Science Association, 1997 [J]. American Political Science Review, 1998 (1).

[125] P. Pecorino. Is there a Free – rider Problem in Lobbying? Endogenous Tariffs, Trigger Strategies and the Number of Firms [J]. American Economic Review, 1998 (3).

[126] A. P. Portes. Social Capital: Its Ongoing Application in Modem Sociology [J]. Annual Review of Sociology, 1998 (1).

[127] R. Putnam. Social Capital: Measurement and Consequences [C]. The Contribution of Human and Social Capital to Sustained Economic Growth and Well – Being, 2010.

[128] Raub, Werner, J. Weesie. Reputation and Efficiency in Social Interactions: An Example of Network Effects [J]. American Journal of Sociology, 1990 (3).

[129] R. James. Rationality and Non – Rationality in Militant Collective Action [J]. Sociological Theory, 1989 (2).

[130] D. A. Snow. Social Networks and Social Movements: A Micro Structural Approach to Differential Recruitment [J]. American Sociological Review, 1980 (5).

[131] D. A. Snow. Frame Alignment Processes, Micro - mobilization, and Movement Participation [J]. American Sociological Review, 1986 (4).

[132] D. A. Snow. Framing Processes and Social Movements: An Overview and Assessment [J]. Annual Review of Sociology, 2003 (1).

[133] R. Swedberg. Afterword: The Role of the Market in Max Weber's Work [J]. Theoryand Society, 2000 (3).

[134] Ann Swilder. Culture in Action: Symbols and Strategies [J]. American Sociological Review, 1986 (2).

[135] Harrison C. White. Where Do Market Come From [J]. The American Journal of Sociology, 1982 (3).

[136] Xiaopeng Xu. Group Size and the Private Supply of a Best - shot Public Good [J]. European Journal of Political Economy, 2001 (4).

三、报纸文章

[1] 纪旭. 地方政府被称最大开发商，土地财政再遭炮轰 [N]. 时代周报，2009 - 03 - 12.

[2] 白天亮. 打假，试着两条腿走路 [N]. 人民日报，2000 - 10 - 30 (12).

[3] 孔非. 南京商家乘包机来长“抢”商铺 [N]. 长春日报，2007 - 07 - 21.

四、电子文献

[1] 葛翠. 长春汽车产业开发区晋级为国家级经开区 [EB/OL]. 搜狐焦网，2011 - 01 - 11，http://chanye.focus.cn/news/2011 - 01 - 11/1162251.html.

[2] 陈彬. 长春汽车产业开发区更名为长春西新经济技术开发区 [EB/OL]. 网易新闻，2011 - 01 - 06，http://news.163.com/11/0106/02/6PMB03

T600014AED. html.

[3] 滕志峰. 中国汽配大移民 [EB/OL]. 东亚经贸新闻，2008 - 04 - 03，http：//www. dyxw. com/html/2008 - 04/03/content_ 41984. htm.

[4] 吕游. 长春二三级市场火爆，09 汽车保有量近百万 [EB/OL]. 搜狐汽车，2010 - 04 - 21，http：//auto. sohu. com/20100421/n271661545. shtml.

[5] 徐微，马书侨. 30 亿 GL 打造中国 BF 汽贸航母 [EB/OL]. 新华网，2006 - 09 - 24，http：//www. xinhuanet. com/chinanews/2006 - 09/24/content_ 8114373. htm.

[6] 王澍，于普增. 治理驱除假货，整顿带来繁荣 [EB/OL]. 中国质量新闻网，2001 - 05 - 15，http：//www. cqn. com. cn/news/zgzlb/diyi/29680. html.

[7] 张敏. 朱镕基警示房地产"过热"：要考虑可持续发展 [EB/OL]. 房天下，2011 - 09 - 22，http：//news. gz. fang. com/2011 - 09 - 22/5940296. html.

[8] 杨宝迪，张宏伟. 江苏 GL 集团将投资改造长春汽贸城 [EB/OL]. 新华网，2006 - 06 - 19，http：//www. xinhuanet. com/chinanews/2006 - 06/19/content_ 7292916. htm.

[9] 用真情服务社会，用高效促企业发展，宋洪峰支队长到 GL 集团现场办公为企业解难题 [EB/OL]. 长春消防网，2007 - 05 - 28，http：//www. cc119. net/news_ xx. asp？ID = 279&yiid = 49.

[10] 滕志峰. 万人见证，中国汽配第一旺市 [EB/OL]. 东亚新闻网，2008 - 10 - 28，http：//www. dyxw. com/html/2008 - 10/28/content_ 71352. htm.

[11] 王付友. GL · 中国 BF 汽贸城在长春开业 [EB/OL]. 新华网，2008 - 10 - 27，http：//www. jl. xinhuanet. com/newscenter/2008 - 10/27/content _ 14743149. htm.

[12] 冯淑娟. 汽车配件交易会"内讧"的背后 [EB/OL]. 腾讯财经，2008 - 03 - 11，http：//finance. qq. com/a/20080311/001908. htm.

[13] 赵三明，孙红. 形象展示支持品牌展会——第 55 届全国汽配交易会后记 [EB/OL]. 秀配网，2007 - 02 - 28，http：//www. showpart. com. cn/

wz/DD/DD329FF7F410FF8A. htm.

[14] 刘源源．国内外汽车用品企业看好长春汽配会，抢先预定展位［EB/OL］. 中国广播网，2007 - 04 - 12，http：//jl. cnr. cn/jdxw/20070412/t20070412_ 504442425. html.

[15] 刘杰．总结长春，收获中国汽配第一城［EB/OL］. 搜狐汽车，2008 - 07 - 18，http：//auto. sohu. com/20080718/n258218838. shtml.

五、学位论文

[1] 李正彪．企业成长的社会关系网络研究［D］. 四川大学，2005.

[2] 刘占一．制度框架中的居民参与：上海居民委员会换届选举研究［D］. 上海交通大学，2007.

[3] 张军．在熟人与陌生人之间——中关村电子市场交易秩序研究［D］. 中国人民大学，2010.

[4] Michael E. Roberts. Human Collective Behavior［D］. Indiana University, 2008.

重要术语索引

后　记

跟从前一样，当面临一个重要阶段或一个重大事件时，我习惯先完成“后记”。博士毕业如此，博士后出站如此，这篇书稿的修改也是如此。

本书是在博士论文基础之上修改完成的。本来没想过有朝一日将博士论文变成白纸黑字的出版物，原因在于很早之前听一位前辈说过，成果就像你的孩子，一旦付梓，就再也塞不回去了。于是我一直惶恐，怕这满纸荒唐言，经不起众人的检验。原以为自己会一直“敝帚自珍”下去，却又遇到单位资助。想想这大好机会，再想想压力如山的科研量化考核，周边诸好友一致劝说：“此时不出更待何时?”于是，一咬牙，就拿出来吧!

所以，首先要感谢华东政法大学社会发展学院何明升教授为我们青年学者争取到的资助。自入职以来，学院宽松的科研环境给了我很大的成长的空间，让我一直可以安心做自己感兴趣的课题。

书稿的修订是一项艰巨的任务。重新翻出四年前写的东西，难免有看不顺眼的地方。或许是学术水平上升使然，如此想来稍感欣慰。但真要改起来，却发现文章结构浑然一体，难以下笔。不眠之夜，求学路上的一幕幕跃然眼前，满满都是回忆。至今仍然清晰记得博士论文致谢中的几段话，重新絮叨一遍，用来感谢我生命中最重要的人：

> 一晃四年，竟然要博士毕业了，回头看我来时的路，感慨万千。四年前的这个春天，我怀着满腔的热情进京赶考，承蒙恩师刘少杰先生错爱，得以入门。此后，便开始了我学术之路上的“折腾”，所迈出的每一步，都凝结着恩师的辛苦和汗水。
>
> ……
>
> 一篇十几万字的博士论文，从最初的论文选题、谋篇布局到成

稿之后的大修大改，从观点的提炼概括到语言的具体表达，我自己都记不清恩师帮我修改了多少次，只记得每次讨论都让我有茅塞顿开之感，条条真知灼见让我心中惶恐，惶恐自己不够聪敏，最终"孺子不可教"；而每当打开邮箱，看到恩师凌晨四五点钟发过来的修改意见，心中又生惭愧，惭愧自己不够勤奋，最终"因不勤而抱憾归"。恩师不但治学严谨、学识渊博，而且为人谦和，对学生极为爱护和关心，无论是做人还是做学问，都是我学习的榜样。

……

感谢我的爱人钱晓华同学，他对社会学有着浓厚的兴趣，硕士毕业之前，是他鼓励我继续深造并培养我对学术的兴趣；感谢我自己爱屋及乌爱上了学术，满足了他博士夫妻的梦想。感谢我的公婆，论文的攻坚阶段是在婆家完成的，老人不仅给我提供了好的学习环境，嘘寒问暖关心我的生活，而且还每天督促我坚持锻炼身体，陪我聊天，帮助我减轻压力。最后还要特别感谢我的父母，是他们含辛茹苦把我养大，读书在外十多年，既没能承欢膝下，又没能赚钱养家，他们的宽容和支持一直是我前进的动力。

后来，正如当初所言，学术路上，不断前行。人大（中国人民大学）毕业之后，我在清华（清华大学）经历了两年博士后的积淀，入职华政。那年，马頔的《南山南》红遍校园，各大高校版《南山南》争相亮相，我选了人大版、清华版、华政版的歌词各一句，作为个人经历的注解：

花茵盛，正当时，此去无归期；
行胜言，须自强，诗篇写未境；
玉泊雨，汇贤徊，华政风华现。

人大的四年，当真是我生命中如鲜花盛开的四年，可惜调起高了，临了，可拿得出手的学术成果却不多。经历了清华两年的积淀，离开之际，我在感慨，诗篇写未境。最终，入职华政，办公室就在汇贤楼，华政风华现。与我很有缘分的几所学校。

前行途中，我和我爱的人有了属于我们的孩子，宝宝的成长给了我太多的惊喜，也更加体会到为人父母的不易。再次感谢我的父母、公婆，四位老人至今仍在为我们的小家无私奉献，操持家务，帮带孩子，让我们小夫妻尽量多腾出时间做学问。

笔者

2016 年 2 月